Werde unaufhaltsam

Ab jetzt wirst du herausragende Ergebnisse erzielen

Claudio A. Romer

M. Sc. Int. Business
B. Sc. Tech. Management
Unternehmer
Immobilieninvestor

Dieses Buch widme ich meinem Vater, der mir von klein auf eiserne Disziplin für Leistung und Ergebnisse beigebracht hat.

Du wirst immer in meinem Herzen bleiben.

Ich hoffe, du bist stolz auf mich.

Inhaltsverzeichnis

Vorwort

2018: Zeitalter der Informationsüberflutung

Wir schreiben das Jahr 2018: Zeitalter der Informationsüberflutung. Informationen von allen Seiten, rund um die Uhr, 365 Tage im Jahr.

Was einst Googles Vision einer vernetzten Welt war, in der Informationen so gut wie jeden Ort des gesamten Planeten binnen eines Wimpernschlages erreichen, scheint Wirklichkeit zu werden. Für Unternehmen ist diese Entwicklung herausragend, denn sie können mit relativ wenig Aufwand innerhalb von wenigen Augenblicken ihre Marketingkommunikation großflächig auf dem Erdball versprühen.

Die zweite entscheidende Entwicklung betrifft den gesamten Bereich Social Media. Social Media hat ohne jeglichen Zweifel die Kommunikation zwischen Menschen verändert. Die Kommunikation ist um ein Vielfaches schneller geworden. Informationen haben das Potential, innerhalb von wenigen Augenblicken, massiv verbreitet zu werden. Ökonomisch kann man dieses Phänomen theoretisch als den Networking Effekt bezeichnen. Der Networking Effekt beschreibt, dass umso mehr Nutzer ein bestimmtes Produkt nutzen, desto höher wird der Mehrwert für den Einzelnen.

Facebook hat gezeigt, dass der Networking Effekt nur bis zu einer bestimmten Anzahl an Nutzern besteht. Die Plattform leidet seit Jahren an der Verbreitung zu vieler überflüssiger, unnützer und z. T. hoch fragwürdiger Inhalte seiner Nutzer. Genau das scheint der Grund zu sein, wieso viele Menschen von Facebook Abstand nehmen und zu ihrer „schlankeren" Variante Instagram greifen.

Doch das Problem bleibt auch hier dasselbe: Informationen rund um die Uhr. Viele Informationen. Überflüssige, uns zum größten Teil ablenkende Inforationen. Viele wissen, dass sie ihre wertvolle Zeit auf Social Media Plattformen größtenteils verschwenden und dennoch schaffen sie es nicht, sich von Social Media loszueisen.

Das hat einen ganz bestimmten Grund: alle Social Media Plattformen sind so konzipiert, dass sie möglichst schnell und nachhaltig den Nutzer binden. Sie sind darauf ausgelegt, uns abhängig zu machen.

Um es auf den Punkt zu bringen, sie haben das primäre Ziel dich abhängig zu machen. Denn eins musst du wissen: je länger und je öfter du deine Aufmerksamkeit auf Social Media richtest, also sprich je öfter und länger du online bist, desto mehr verdienen die einzelnen Plattformen.

Das basiert auf der simplen Tatsache, dass Unternehmen Ihre Produkte genau da werbemäßig platzieren, wo die Zielgruppe sitzt. Bis vor einigen Jahren waren das noch Zeitung, Radio und Fernsehen. Heute sind es die Social Media Plattformen.

Um unaufhaltsam zu werden, müssen wir fokussiert arbeiten. Um herausragende Ergebnisse zu erzielen, müssen wir das machen, was der Großteil der anderen nicht macht: unseren Social Media Konsum auf der einen Seite drastisch reduzieren und auf der anderen Seite Social Media als Distributionskanal unserer Arbeit maximal effizient verwenden.
Denn eins sollte uns klar sein: es war noch nie so einfach wie heute, seine eigene Marke aufzubauen und an Reichweite und Einfluss zu gewinnen.

Das ist die andere Seite der Medaille. Social Media und das Internet allgemein geben uns Möglichkeiten, die zuvor nie da gewesen sind. Möglichkeiten, dessen Tragweite wir nicht im Geringsten abschätzen können. Möglichkeiten, die nur die Wenigsten wahrnehmen. Diese Möglichkeiten werden wir nur zu unseren Gunsten voll ausnutzen können, wenn wir unaufhaltsam werden in dem, was wir tun. Doch um unaufhaltsam zu werden, brauchst du einen Mentor. Jemanden, der dich gewinnen sehen will. Jemanden, der dich zu Höchstleistungen pusht. Jemand, der bereits sehr erfolgreich ist, in dem, was er tut.

Teil 1

Werde hungrig nach herausragenden Leistungen und Erfolg

Kapitel 1

Jeder Erfolgshungrige braucht einen Mentor im Zeitalter der Informationsüberflutung

„Hervorragend meine Herren, ich bin begeistert", sagte Prof. Dr. Heiland zu unserer Präsentation über unser Auslandssemester in den USA. Mein Kommilitone Simon und ich wollten gerade das HDMI-Kabel des Beamers von dem MacBook trennen, da fuhr er überraschenderweise fort: „...aber, ich bin enorm enttäuscht von Ihnen, Herr Römer."

In diesem Moment merkte ich, wie mein Gesicht anfing rot zu werden. Ich sah ihn an und bemerkte sofort, dass der Ausdruck seiner Miene von Euphorie in pure Enttäuschung übergegangen war.

„Ich sehe Sie hier 5 Mal in der Woche so selbstbewusst über den Campus gehen und meine Vorlesungen beleben Sie mit Ihren Ideen...“. Ich sah ihn immer noch verdutzt an, wusste aber instinktiv, was nun kommen würde. Simon und ich mussten, bevor es uns im 5. Fachsemester in die USA gezogen hatte, unsere vorläufigen Zeugnisse der abgeschlossenen Semester bei ihm einreichen.

„...Und ich gehe die ganze Zeit davon aus, dass Sie ein 1,0er Kandidat sind. Dann sehe ich Ihre Noten und bin fast aus allen Wolken gefallen, als ich da die 2,5 stehen sah.“ Ich merkte in genau diesem Moment, dass ich die Situation an sich zwar als unangenehm empfand, dennoch spornte mich die energische Art unseres Professors signifikant an.

„Ich sehe sie dort nicht, Herr Römer. Ich sehe Sie besser. Wesentlich besser. In Ihnen steckt so viel mehr, als das. Machen Sie etwas aus Ihrem Potential."

So schnell wie mein Gesicht errötet war, nahm es seine normale Farbe wieder an. Das meinte ich damals zumindest zu merken in jenem Moment.

„Ich werde Sie nicht enttäuschen, Prof. Dr. Heiland.", sagte ich mit einer Tonalität, die erahnen ließ, was gerade in meinem Kopf vorging.

Wir verabschiedeten uns von ihm und seiner wissenschaftlichen Mitarbeiterin und marschierten aus dem kleinen Büro, welches im dritten Stock unserer Hochschule lag.

Ich war sauer. Sauer auf mich selber. Sauer auf meine bis dato durchschnittlichen Ergebnisse. Ich merkte, wie eine tiefe Unzufriedenheit in mir emporstieg. Eine Unzufriedenheit, die immer intensiver wurde, je länger ich darüber nachdachte. Noch am selben Abend schrieb ich alles auf, was mir durch den Kopf ging, hinsichtlich dieser enttäuschenden und entblößenden Situation.

Ich schrieb lange. Am Ende hatte ich 7 DINA-4 Blätter vollgeschrieben und meine Hand war eingeschlafen. In jenem Moment störte mich das aber nicht. Ich überflog alle 7 Zettel und stellte schnell fest, dass da gerade etwas Großes passierte. Etwas, was meine Ambitionen und Ziele von Grund auf zu verändern vermochte.

Ich kreiste alles, was ich als das Wichtigste empfand, mit einem roten Marker ein. Nach einiger Zeit fiel mir etwas Interessantes auf. Alle Kreise waren nicht um Ergebnisse, sondern um meine damaligen Verhaltensmuster gezogen.

Verhaltensmuster, die ich fast täglich umsetzte und die mich genau zu dem Misserfolg im Büro unseres Professors am Morgen des selben Tages geführt hatten. Ich beschloss noch am gleichen Abend diese Verhaltensmuster sofort abzulegen. Ich wusste genau, dass mich die alten Gewohnheiten dahin bringen, wo ich niemals enden wollte: in der Durchschnittlichkeit. Durchschnittlichkeit, in der alles bequem ist. Durchschnittlichkeit in der man weit unter seinen Möglichkeiten bleiben würde.

Noch am selben Abend schrieb ich meine wichtigsten drei 1-Jahres Ziele auf. Ich schrieb zu diesen Zielen alles auf, was mir einfiel. Ich versetzte mich genau in die Situation des Erreichens jedes einzelnen Zieles. Wie es sich anfühlen würde. Ich malte mir jede Kleinigkeit im Detail aus. Damals spürte ich, dass das, was ich da tat, enormen Einfluss auf mich haben werden würde.

Heute weiß ich, dass diese Technik „Future Pacing" tituliert wird und als eine der mächtigsten Techniken überhaupt im Neurolinguistischen Programmieren (NLP) gilt.
Ich hatte mir bis zu jenem Abend noch nie wirklich Zeit genommen, um meine Ziele mit einem Stift auf ein Blatt Papier detailliert zu schreiben. Als ich sie allerdings zum ersten Mal aufschrieb, sah ich sofort, dass meine täglichen Verhaltensmuster nicht mit ihnen übereinstimmten.

Am nächsten Morgen um 5 Uhr, verfasste ich sofort einen genauen Plan, um meine hochgesteckten Ziele zu erreichen. Ich formulierte bis ins kleinste Detail, was ich täglich tun musste. „Ich werde ab sofort jede Klausur im Einser Bereich schreiben", schwor ich mir. „Die Bachelorarbeit in eineinhalb Jahren werde ich mit 1,0 abschließen.".

In der nächsten Klausurphase verbesserten sich meine Noten deutlich und fanden sich tatsächlich im Einser Bereich wieder und zwar in allen Modulen. In den darauffolgenden Semestern verbesserte ich meine Leistungen sukzessive und ich merkte, dass je erfolgreicher ich wurde, desto hungriger wurde ich nach mehr. Ich war besessen. Besessen von Leistung, von herausragender Leistung. Die letzte Klausur im 7. Semester bei Prof. Dr. Heiland im Modul „Sales" schloss ich mit 60/60 Punkten ab.

Nun lag noch die praxisorientierte Bachelorarbeit vor mir, für die ich mir extra ein ganzes additives 8. Semester eingeräumt hatte. Ich wollte die absolut beste Leistung erbringen, zu der ich im Stande war.

„Ich werde bei Ihnen eine glatte 1,0 holen", sagte ich mit selbstbewusster tiefer Tonalität in der Stimmte zu Prof. Dr. Heiland. Er lächelte mich an und ich spürte, dass er wusste, dass ich den High-Score bei ihm holen werden würde.

Sechs Monate später, im Juni 2016 wurde meine Bachelorarbeit von Ihm sowie dem Leiter des gesamten Studiengangs Technisches Management und Marketing, Prof. Dr. Kleinkes, mit einer glatten 1,0 bewertet. Ich hatte es tatsächlich geschafft. Ich war in diesem Moment auf der einen Seite erleichtert und auf der anderen Seite stolz. Als wäre das noch nicht genug gewesen, sagte Prof. Dr. Heiland einen Satz zu mir, den ich niemals vergessen werde: „Herr Römer, Ich bin ein Fan von Ihnen."

Noch im selben Sommer wurde ich der erste Student in der Geschichte der Hochschule Hamm-Lippstadt, der an einer US-amerikanischen Elite Universität zum Masterstudium angenommen wurde. Der Zeitungsartikel sowie meine Zulassungsbescheinigung vom Präsidenten der amerikanischen Universität hängt eingerahmt im Büro von Prof. Dr. Heiland, bis heute.

Es erfüllt mich mit Dankbarkeit, wenn ich über den gesamten Prozess heute noch nachdenke. Dieser verbale Arschtritt damals 2014 in seinem Büro war der emotionale Auslöser, dem ich heute alles zu verdanken habe.

Prof. Dr. Heiland war im Prinzip mein erster Mentor, ohne dass ich es damals zu begreifen schien. Ein herausragender Lehrer, der an mich geglaubt hat. Eine großartige Persönlichkeit, die mich durch nur einen einzigen Satz zu Höchstleistungen motiviert hat.
Seit dieser Erfahrung weiß ich, dass jeder Erfolgshungrige einen Mentor braucht. Vor allem im Jahr 2018. Im Zeitalter der Informationsüberflutung. Wo Informationen von allen Seiten, rund um die Uhr, 365 Tage im Jahr auf uns einströmen. Wir brauchen jemanden, zu dem wir aufschauen, der uns eine Richtung gibt und an uns glaubt.

Kapitel 2

Wir leben in der besten Zeit, die es jemals auf dieser Erde gab

„The chances of becoming a human are 1/400 billion and you won, so why are you f*cking complaining?“. Ich sah aufmerksam einem Entrepreneur, der ungewöhnlich oft das Wort f*ck benutzte, auf einem seiner berühmten Key Notes im Silicon Valley zu.

„Wer ist dieser Typ?“, dachte ich mir von dem Moment an, in dem ich ihn das erste Mal gesehen hatte. Irgendwie war er mir in seiner Art zu aggressiv und dennoch fand ich sie anziehend und faszinierend. Obwohl es spät in der Nacht war, sah ich mir mehrere seiner Videos hintereinander auf YouTube an.

Es war spät am Abend, als wir aus dem Movietheatre im Herzen San Franciscos wiederkamen. Unser Apartmentkomplex lag im Stadtteil South of Market, oder kurz: Soma. Soma war der Stadtteil, in dem die Erfolgreichsten der Erfolgreichen lebten.

So schien es uns zumindest, bei den prächtigen Immobilien, welche sich im 360 Grad Winkel um unseren Apartmentkomplex zogen. Als wir mit unseren Fahrrädern in die Tiefgarage fuhren, muss es kurz vor Mitternacht gewesen sein. Das sah ich daran, dass das Personal für die Nachtschicht bereits ihre Arbeit im Office des Komplexes aufgenommen hatte.

Die Frau, welche uns an jenem Abend das Tor mit einem Lächeln aufmachte, sollte ich am nächsten Morgen ganz früh an der Kaffeemaschine des Komplexes wiedersehen.

Wir schlossen die Fahrräder an die dafür vorgesehenen Ständer der Tiefgarage und passierten die hochkarätigen-, eng aneinander geparkten Autos bis wir am Aufzug ankamen.

Luis und ich waren noch völlig begeistert vom Film. „John Wick 2 is supposed to be awesome, let's go to the movies tonight", sagte er noch am Vormittag zu mir in der Universität. Sechs Stunden später im Aufzug sollte er Recht behalten: „Man, that thing was phenomenal!", äußerste ich meine Review enthusiastisch zu ihm.

Irgendwie war ich trotz des langen Tages nicht so müde, wie es normalerweise üblich wäre. Wir waren seit den frühen Morgenstunden in zahlreichen Projekten, Meetings, Vorlesungen und Konversationen verwickelt. Anschließend gönnten wir uns noch den Film und nun war es Mitternacht, irgendwo in Soma in unserem Aufzug. Einem Aufzug mit einer ungewöhnlich hohen Decke.

Im Apartment des achten Stocks angekommen, war bereits alles dunkel. Unsere anderen zwei Mitbewohner schliefen schon. Generell hatte ich festgestellt, dass ich innerhalb des letzten Jahres gelernt hatte, einen immens langen Tag mit relativer Gelassenheit durchzustehen.

Mein Bereich im Apartment, welcher sich mit nur einer selbstgebauten Trennwand vom Wohnzimmer abgrenzte, war umgeben von bodentiefen Fenstern. Ich legte mich auf mein Bett und sah durch eines dieser Fenster auf die Oakland Bridge San Franciscos, welche bei Nacht mit wandernden Lichtern angestrahlt wurde. In diesem Moment merkte ich, wie eine tiefe Dankbarkeit in mir emporstieg.

Ich dachte über diesen fantastischen Tag- und über die letzten Monate nach. „Unglaublich, was ich hier alles schon erleben durfte und wie mich dieses leistungsstarke Umfeld hier geprägt hat.“, manifestierte sich in meinen Gedanken in jenem Moment, der von Stille geprägt war.

Ich sah durch die verglaste Wand nach unten, auf die Straßen San Franciscos. Eine Metropole, die anders als New York, bei Nacht schlief. Die Straßen waren leer und dennoch konnte ich den Lärm, der am nächsten Tag wieder wie ein Dampfhammer durch die offene Balkontür hereinkommen würde, bereits jetzt innerlich spüren.

Mittlerweile war es zwei Uhr morgens und ich schwelgte immer noch in meinen Gedanken. Es war Montag und morgen würde ich erst gegen Vormittag zu verschiedenen Meetings in der Universität erscheinen.

„Was für ein Glück wir alle gehabt haben, genau in dieser Zeit geboren worden zu sein. Wir haben in unserer westlichen Welt keine Kriege, keine Hungernöte und die Technologie erleichtert uns zunehmend das Leben. Vor einigen Jahrzehnten sah das noch ganz anders aus."

Heute erinnere ich mich noch ganz genau, wie Demut meine tiefe Dankbarkeit für dieses Leben, damals in meinen Gedanken zu begleiten begann. Ich griff zu meinem IPhone und suchte auf YouTube nach TED-Talks zum Thema Dankbarkeit. Als ich den am besten gerankten TED-Talk öffnete, erschien eine Werbung, welche vor dem Video geschaltet wurde.
Ich sah unten rechts im Bild auf den Button „In 5 Sekunden können Sie diese Werbung überspringen" und wartete genau auf diesen Moment. Ich hatte bislang nur selten Werbung auf YouTube gesehen, die mich interessierte und die mir einen echten Mehrwert gegeben hatte.

Doch dieses Mal war es anders: die Werbung fing an einen Mann zu zeigen, der wütend und dennoch hochkompetent aussah. Er stand auf einer Bühne und sprach vor einem immens großen Publikum.

Diese Tatsache sorgte dafür, dass ich unterbewusst sofort wusste: „dieser Mann muss signifikant wichtig sein und demnach eine Menge zu sagen haben.“ Die 5 Sekunden, nach denen ich die Werbung hätte überspringen können, waren längst abgelaufen.

„The chances of becoming a human are 1/400 billion and you won, so why are you f*cking complaining?“, fing der Mann auf der Bühne an enthusiastisch mit ordentlich Dampf in der Stimme das Publikum wachzurütteln. „Wer ist dieser Mann?!“, wollte ich in diesem Moment unbedingt wissen. Die Werbung dauerte 3 Minuten und ich blieb von Anfang bis Ende gespannt dabei. Mittlerweile wurde in dieser auch ersichtlich, um welchen Unternehmer es sich auf der Bühne handelte: es war Gary Vaynerchuk.

Gary Vaynerchuk hatte innerhalb dieser 3 Minuten so viel Inspirierendes kommuniziert, dass ich die Werbung am liebsten nochmal gesehen hätte. Er sprach darüber, dass wir in der besten Zeit leben, die es jemals auf diesem Planeten gegeben habe. Eine Zeit, in der jeder sein eigenes Business mit harter-, kontinuierlich fokussierter Arbeit aufbauen könne. Er philosophierte viel über den Zusammenhang zwischen Mindset und Erfolg sowie die einmalige Chance des Personal Brandings.
Er haute so viele Themen in so kurzer Zeit raus, dass ich mich fragte, was ihn antrieb. Es muss etwas unfassbar Starkes tief in ihm drin gewesen sein. Dieser fulminante Druck, mit welchem er sein Anliegen an das Publikum äußerte, faszinierte mich.

Ich sah mir in dieser sternenklaren Nacht noch mehrere seiner Videos an und schlief voller Tatendrang und inspiriert bis oben hin, ein.

Das Internet hat die Welt verändert. Social Media hat die Welt verändert. Smartphones haben die Welt verändert. Richtig eingesetzt werden diese drei Bereiche zu einer Sinfonie, die so stark ist, dass sie das Potential hat, unser Leben auf das nächste Level zu katapultieren.
Das Internet ermöglicht es, flexibel von überall auf der ganzen Welt, unseren Traum zu verwirklichen. Das Einzige, das wir brauchen ist eine Breitband-Internetleitung und ein Smartphone. Das Smartphone fungiert wie ein mobiler Hochleistungsrechner in unserer Hosentasche und als solchen sollten wir dieses Device auch nutzen.

Social Media hat die zwischenmenschliche Kommunikation revolutioniert. Social Media ist der Katalysator für die Verbreitung von Informationen. Es ist Mund-zu-Mund Propaganda auf einem astronomisch hohen Level, das keine Grenzen zu kennen scheint.

Was vor wenigen Jahren noch durch das zwischenmenschliche-, physisch persönliche Gespräch weitererzählt und somit verbreitet wurde, geschieht heute alles, über einen Klick auf dem Smartphone.

Das heißt im Klartext, wenn wir herausragende Leistungen bringen und diese danach auf unseren Social Media Kanälen mit der Welt teilen (was wir unbedingt tun sollten, mehr dazu später), hat diese kommunizierte Leistung von uns das Potential, innerhalb einer sehr kurzen Zeitspanne Menschen zu erreichen, die wir ohne Social Media niemals erreichen würden.
Jedes Mal, wenn jemand unsere Beiträge liked, kommentiert oder teilt, erhöht das unsere Reichweite enorm. Genau diesen Mechanismus betitelt Gary Vaynerchuk als „Mund-zu-Mund Propaganda auf Steroiden."

Hieraus lassen sich genau zwei Konsequenzen ableiten: hast du herausragenden Content, werden Menschen deinen Namen mit der herausragenden Qualität deines Contents assoziieren. Du wirst zu deiner eigenen Marke.
Wenn du auf der anderen Seite schlechten-, oder nur mittelmäßig guten Content produzierst, werden das die Menschen ebenfalls in Windeseile wahrnehmen. Deine Resultate werden dann bestenfalls nur mittelmäßig sein.

Mittelmäßigkeit ist einfach zu reproduzieren von anderen und deswegen nicht vom Markt wertgeschätzt. Der Markt schätzt herausragenden-, einzigartigen Content wert und belohnt diejenigen, die ein solches Level in ihrem Output erreichen, mit Aufmerksamkeit.

Wir leben in der besten Zeit, um unsere Leidenschaft zu leben. Es war noch nie zuvor in der Geschichte der Menschheit so einfach, ein Business um die eigene Leidenschaft aufzubauen. Einfach im Sinne von den Möglichkeiten, die uns die New Economy gibt. Doch wieso schaffen es dann nur so wenige ihre Träume in die Realität umzusetzen?

Es liegt daran, dass sie Social Media, das Internet sowie ihr Smartphone nicht richtig einsetzen. Verwurzelt ist dieses destruktive Verhaltensmuster in den fehlenden Zielen der meisten Menschen. Die meisten Menschen haben keine klar definierten-, aufgeschrieben Ziele. „Wenn du nicht weißt, wo du hin willst, kommst du dahin, wo du nicht hinwillst“, sagte einst unser Change-Management Professor zu uns. Er hatte Recht, wie ich in den Jahren danach, bis heute bei vielen beobachte.

Wenn du einen Traum hast, an den du permanent denken musst, dann lass dich niemals von diesem abbringen. Um ihn zu erreichen, musst du starkes Verlangen aufbauen. Danach setzt du dir Teilziele, die du auf dem Weg zu deinem Traum erreichen musst, um Stück für Stück näher an diesen zu kommen.

Denk daran: Ziele sind Träume mit einem Verfallsdatum. Schreib dir genau auf, zu welcher Zeit du wo bist und was danach dein nächst höheres Ziel ist. Jetzt kombinierst du dieses starke innere Verlangen mit einer Beharrlichkeit, die alle Barrieren und Schwierigkeiten, die sich dir in den Weg stellen, zersprengt. Beharrlichkeit heißt, dass du dich nicht von deinen Träumen abbringen lässt, egal was auf dich an Widerstand zukommt.

Weißt du wie man Leidenschaft + Beharrlichkeit nennt? Ich nenne es Besessenheit. Besessenheit für die richtige Sache ist der Game Changer für dich. Besessen zu sein heißt, dass du deine Ziele jagst, bis du deinen Traum realisiert hast. Du gehst all in für deinen Traum, egal was passiert oder welche Herausforderungen sich dir in den Weg stellen.

Liebe + Zorn = Leidenschaft

Leidenschaft + Beharrlichkeit = Besessenheit

Besessenheit = lässt dich gewinnen

Einer der aktuell erfolgreichsten Verkaufstrainer der Welt, Grant Cardone, hat ein ganzes Buch über das Thema Besessenheit geschrieben, weil es in seinen Augen das wichtigste Unterscheidungsmerkmal zwischen dem Durchschnitt und der Elite ist.

Kapitel 3

Was die meisten daran hindert, ihre Träume zu realisieren

2018 lassen wir uns ablenken. Ablenken von unnützen Informationen, die keinen Einfluss auf unser Leben haben. Von Nachrichten, die zu einem signifikanten Teil darauf ausgerichtet sind, in uns Angst zu erzeugen. Von Leuten auf Social Media, die sich weder tiefgründig für uns-, noch wir uns tiefgründig für sie interessieren.

Wir müssen lernen, unseren Fokus und unsere mentale Klarheit wiederzuerlangen. Wir müssen lernen, uns jeweils nur auf sehr wenige Ziele gleichzeitig zu fokussieren. Wer zu viele Ziele verfolgt, wird in der Realität kein einziges davon erreichen, weil er seine Kräfte nicht auf einige wenige Dinge gebündelt bekommt.

Doch genau diese Bündelung all unserer mentalen- und physischen Kräfte brauchen wir, um erstens herausragende Leistung zu bringen und zweitens, um somit unsere Ziele zu erreichen. Der herausragende chinesische Philosoph Konfuzius sagte einmal: „wer versucht 2 Hasen auf einmal zu jagen, wird keinen der beiden fangen.“. Eine Lebensweisheit, die wir unbedingt in unserem Leben implementieren sollten.

Die meisten Menschen werden niemals ihre Träume realisieren. Viele haben sogar ihre größten Träume aufgegeben, oder sind gescheitert auf dem Weg zur Verwirklichung jener. Nach 320 Büchern über Business, Mindset, Erfolg und Entrepreneurship in den letzten Jahren sowie nach unzähligen Gesprächen mit sehr erfolgreichen Menschen in unserem Umfeld und Mitarbeitern unserer Firma, habe ich zwei verschiedene Hauptursachen dafür herausgefunden. Lasst uns mit der ersten Ursache beginnen:

1. Die Angst vor negativem Feedback anderer Menschen, hinsichtlich unserer Träume, Ziele und Visionen.

Die Angst vor negativem Feedback anderer Menschen ist die weitverbreitetste Form der Angst, die uns daran hindert, unsere Ziele erstens hoch zu setzen und zweitens groß zu Träumen.

Wir haben Angst vor negativer Rückmeldung anderer Menschen, gerade wenn es um den Bereich unserer Social Media Präsenz geht. Viele Menschen können sich nur schwierig mit dem Gedanken anfreunden, dass wenn sie überdurchschnittlich erfolgreich werden, damit auch die Anzahl ihrer Neider wächst. Neider, die selber gerne ihre eigenen Träume realisieren würden.

Neider, die keine klaren Ziele in ihrem Leben setzen und somit genau da sind, wo sie nicht sein wollen. Du wirst diese Menschen wahrscheinlich nicht verändern, sie werden immer missgünstig auf den Erfolg anderer Menschen schielen. Dabei könnten Sie selbst so erfolgreich werden, wie die Menschen, denen sie missgünstig gegenüberstehen, wenn Sie ihre eigenen einengenden- und limitierenden Glaubenssätze ablegen würden.

Es gibt keinen einzigen erfolgreichen-, glücklichen- und erfüllten Menschen, der Neid oder Missgunst gegenüber anderen Menschen verspürt. Wir sollten uns vielmehr von diesen Menschen inspirieren lassen. Inspirieren lassen von ihren Erfolgen und von diesen lernen.

Um es auf den Punkt zu bringen: die Angst vor negativem Feedback von außen, hinsichtlich deiner Ziele und Träume muss weg. Wenn du diese Angst nicht schnellstmöglich in den Griff bekommst oder komplett beseitigst, wirst du dein Leben lang unter deinen Möglichkeiten blieben. Zu viele Menschen haben ihre größten Ambitionen und Visionen bereits aufgegeben, werde du nicht auch ein Teil dieser Gruppe.

Von dem großartigen Jim Rohn lernte ich einst, dass es immer 3 verschiedene Gruppen von Menschen geben wird, die uns im Leben begegnen werden:

1. Menschen, die dich und deine Leistung versuchen runterzumachen, um sich selber besser zu fühlen.

Dabei ist es egal, was du machst. Es ist egal, wie du es machst. Es ist egal, wie sehr du Gutes für andere durch deine Arbeit bewirkst. Es wird immer Menschen geben, die dich und deine Leistung runtermachen wollen.

Solange, bis sich dein massiver Erfolg und deine Lebensfreude, weil du endlich das lebst, was du liebst, nicht mehr belächeln lässt. Nun suchen diese Menschen nach rudimentären Ausreden, wieso du erfolgreich bist und sie es nicht sind.

Damit sie sich innerlich besser fühlen, weil sie selber gerne das leben würden, was du dir mit harter- und unermüdlicher Arbeit aufgebaut hast.

Beachte diese Menschen nicht, sie sind für deinen Erfolg irrelevant, weil sie überhaupt nicht mitreden können, da sie keine Leistung bringen.

2. Menschen, die sich schlicht und ergreifend nicht für dich oder deine Arbeit interessieren.

Wieso sprechen alle erfolgreichen Unternehmer von spezifischer Zielgruppenfestlegung? Ganz einfach, weil jedes Unternehmen eine ganz bestimmte Zielgruppe festlegt, um seine Produkte maximal adäquat auf die Wünsche, Ängste und Träume seiner Zielgruppe anzupassen.

In den USA wird dieses hohe Ziel, nach dem jedes Unternehmen strebt, als der „Product-Market-Fit (PMF)“ betitelt. Der PMF ist die Königsdisziplin eines jeden Unternehmens. Um einen PMF zu erzielen, muss ein Unternehmen seine Zielgruppe klar spezifisch definieren und anschließend sukzessive seine Produkte der Zielgruppe anpassen.

Diese angepassten Produkte sind nun einzig und alleine auf die spezifisch definierte Zielgruppe abgestimmt. Damit geht nun einher, dass dieses Produkt nicht adäquat auf andere Zielgruppen eingehen kann und somit keinen PMF für diese darstellt.

Diesen ökonomischen Zusammenhang können wir ebenfalls auf unser persönliches Streben projizieren. Wir sollten die Zielgruppe unserer Arbeit klar spezifisch definieren. Wir sollten genau die Ängste, Wünsche und Visionen unseres „Avatars“ analysieren und in unsere Arbeit einfließen lassen. Gerade im Bereich Personal Branding, mit Hilfe von Social Media Distribution, ist dieses enorm wichtig. Wenn du es hier jedem versuchst recht zu machen (was nicht möglich ist), verliert du die Einzigartigkeit deiner Arbeit sowie deines Charakters.

„Don't sell the unsellable“, habe ich einst von Jordan Belfort gelernt. Einmal gelernt, verinnerlicht und direkt in die Tat umgesetzt. Seitdem ich mich auf meinen spezifischen Avatar auf Instagram und YouTube konzentriere, sind meine Inhalte für die Zielgruppe im Wert exponentiell in die Höhe geschossen.

Versuche niemanden von dir, oder deinen Produkten zu überzeugen, der nicht zu überzeugen ist. Die Zeit, die du dadurch verlierst ist enorm hoch. Wesentlich effizienter ist es, deinen Avatar klar zu definieren und einen PMF zu erzielen.

Kommen wir zu der dritten Gruppe von Menschen, denen wir im Laufe unseres Schaffens begegnen werden:

3. Menschen, die du begeisterst und inspirierst.

Willst du gewinnen? Dann fokussiere dich auf diese Gruppe. Wenn du gut genug bist, gleichzeitig jeden Tag an dir und deinen Fähigkeiten mit Leidenschaft und Beharrlichkeit arbeitest und dich dazu ethisch stark platzierst, wird diese Gruppe die mit Abstand größte werden. Diese Gruppe wird, die mit Abstand am stärksten wachsende auf deinem Weg darstellen.

Unser Fokus bestimmt unsere Wahrnehmung. Fokussierst du dich auf die ersten beiden Gruppen, wirst du langfristig verlieren. Fokussierst du dich dagegen auf die dritte Gruppe, wirst du gewinnen.

Die dritte Gruppe will dich wachsen und gewinnen sehen. Für sie bist du eine Identifikationsfigur, eine Referenzquelle für Erfolg und Inspiration. Sie wird dir konstruktives, dich nach vorne bringendes Feedback geben. Du solltest auf jeden Fall dieses Feedback beachten und mit deinen ambitionierten Zielen abgleichen.

Wenn du das Gefühl hast, dass es dich besser macht, setze das Feedback zügig in deinen täglichen Verhaltensmustern um.

Diese Menschen musst du pflegen, denn sie unterstützen dich, auch wenn es hart auf deinem Weg wird. Mache auf keinen Fall den weitverbreiteten Fehler vieler großer YouTuber und Instagrammer: sie beantworten, wenn überhaupt, nur wenige Kommentare und beachten fast keine direkten Nachrichten. Als Ausrede wird dann oft benutzt, dass es zu viele seien, um adäquat zu antworten. Doch wenn das stimmen würde, wieso geht dann Gary Vaynerchuk mit aktuell 3.4 Millionen Followern, alleine auf Instagram, bei jedem seiner Posts auf die Kommentare und die direkten Nachrichten seiner Zielgruppe ein?

Es ist simpel: weil das einer von drei Bausteinen seines immensen- und beeindruckenden Erfolges der letzten Jahre ist.

In diesem Zusammenhang predigt er seit Jahren, dass die beste Marketingstrategie, der wir uns bedienen können jene ist, welche unsere Audienz an erste Stelle setzt. Community Building heißt dieser Business Development Ansatz im Klartext und ist dein direkter Weg zu einer starken Präsenz.
Mit der Zeit entwickelt sich aus deiner starken Präsenz eine umso stärkere Marke. Deine eigene Marke. Fokussiere dich also mit allem, was du hast, auf diese Gruppe von Menschen.

Es wird immer unangenehm sein auf negative Resonanz zu stoßen. Dennoch ist sie nicht vermeidbar. Egal was wir tun, oder wie herausragend unsere Intention ist, es wird immer Menschen geben, die dich runtermachen wollen. Jedem erfolgreichen Menschen begegnen diese Leute.

Den entscheidenden Aspekt, der maßgeblich bestimmt ob du daran zerbrichst oder verstärkt hervorgehen wirst, betiteln wir als ***Beharrlichkeit***. Sei beharrlich, sei stark, nimm dein Leben selbst in die Hand und lass nicht zu, dass du von äußeren, negativen Einflüssen von deinen Zielen und deinem langfristigen Traum weggezogen wirst.

Von Ryan Holiday habe ich in diesem Zusammenhang eine sehr wichtige Lehrstunde verinnerlicht: es ist nicht entscheidend was passiert, es ist entscheidend wie wir auf das jeweilige Ereignis reagieren. Wenn immer du von missgünstigen Menschen missgünstige Resonanzen bekommst, mach dir keine Gedanken darüber, warum sie diese abgeben.

Sie versprühen Negativität, weil sie selber nicht das Leben führen, was sie haben wollen und somit andere versuchen runter zu machen, um ihre eigene Situation zu rechtfertigen und sich besser zu fühlen.

Somit ist ihr Feedback an dich ein Spiegelbild ihrer eigenen einengenden-, limitierenden- und negativen Glaubensmuster.

Distanziere dich von diesen Einflüssen, sie ziehen dich runter und halten dich von der Realisierung deiner Ziele ab. Zu wissen, dass es immer diese drei verschiedenen Gruppen von Menschen gibt, die jedem Erfolgreichen begegnen auf dem Weg, erleichtert den Umgang mit ihnen signifikant.

Die zweite Ursache für gescheiterte Ambitionen, sehe ich in folgendem Punkt:

1. Durch unser Ego getriebener destruktiver Perfektionismus

> *„Das Wasser bleibt kalt, egal ob du jetzt, oder erst in einer Stunde reinspringst.“*
> @claudioaroemer #werdeunaufhaltsam

Das Phänomen des Perfektionismus ist so signifikant wichtig, dass du unbedingt davon Bescheid wissen musst.

In den letzten Monaten haben mich hunderte von Nachrichten auf Instagram erreicht, in welchen die Menschen genau dieses Problem geschildert haben. Und glaub mir, dieses Ding ist groß. Groß im Bezug darauf, dass es aus meiner Sicht einer der stärksten Inhibitoren ist, nicht anzufangen seine Träume zu verwirklichen.

Das Streben nach Perfektionismus ist an sich lobenswert. Auf lange Sicht gesehen lobenswert. Wenn wir zunächst möglichst perfekt in einer Sache sein wollen, bevor wir anfangen diese auszuführen, oder diese nach außen zu kommunizieren, werden wir niemals anfangen.

Denn die Wahrheit ist, dass es keine Perfektion gibt. Wir sind Menschen, keine Maschinen. Wir werden von Emotionen zu unseren täglichen Verhaltensweisen motiviert.

Emotionen sind alles andere als faktisch perfekt. Emotionen können uns von jetzt auf gleich in das tiefe Tal der Trauer stürzen. Emotionen können uns von jetzt auf gleich unwiderstehliche Freude und Euphorie verspüren lassen. Alles was wir tun, dient letztendlich dem Ziel eine bestimmte Emotion zu erzielen. Und genau das ist das Wundervolle, das Geheimnisvolle und das Faszinierende an unserem Leben.

Es sind diese scheinbar alles andere als perfekten biologischen Zusammenhänge, die jeden Menschen im wahrsten Sinne des Wortes, einzigartig machen. Somit gibt es keine allgemeingültige Definition von Perfektion in menschlichen Leistungen.

Doch wieso entsteht dann tief in uns das Verlangen nach dem scheinbar Makellosen, dem Perfekten?
Es ist unser Ego. Wir vergleichen uns mit anderen Menschen, die ähnliche Dinge tun wie wir. Wir wollen besser sein. Wir suchen nach Fehlern bei anderen, um uns selber innerlich besser zu fühlen.

Unser Ego ist in Wahrheit schwach. Unser Ego ist in Wahrheit stets auf der Suche nach Bestätigung anderer Menschen. Es ist also völlig normal nach vermeidlicher Perfektion zu streben, bedingt durch unser Ego und den ständigen Vergleichen zu anderen Menschen.

Der Bestseller Autor Ryan Holiday hat in seinem phänomenalen Meisterwerk *„ego is the enemy"* die spannende These aufgestellt, dass unser Ego uns daran hindert, unsere innere Kraft voll zu entfalten und unsere Potentiale zu erreichen. Das Problematische daran ist, dass uns unser Ego daran hindert, durch Rückschläge zu wachsen.

Wir dürfen uns nicht wichtiger nehmen, als wir sind. Wir sollten uns nicht immer versuchen über andere Menschen stellen zu wollen. Vielmehr sollten wir alles dafür tun, die Menschen in unserem Umfeld besser zu machen. Wird unser Umfeld eine höhere Lebensqualität entwickeln, werden wir es ebenfalls individuell tun.

Unser Umfeld bestimmt wer wir waren, wer wir sind und wer wir werden. Wir sollten ein Leben lang Schüler sein. Lebenslanges Lernen ist eine fantastische Lebensphilosophie, die mir enorme Erfüllung, Zufriedenheit und ein hohes Maß an Dankbarkeit beschert.

Es kommt noch eine zweite sehr wichtige Entwicklung in unserem Zeitalter hinzu: Social Media. Die Entwicklungen auf den Social Media Plattformen ist unbestritten herausragend für den Aufbau unseres eigenen Business (Ein sehr zu empfehlendes Buch hierzu ist „Crushing it!" von Gary Vaynerchuk).

Es wirkt allerdings verstärkt auf die negativen Eigenschaften unseres Egos, sich ständig mit anderen zu vergleichen. Social Media spiegelt großflächig nur die Highlights der Menschen wider.

Natürlich, denn warum sollten wir auch Dinge zeigen, die vermeidlich nicht interessant sind, richtig? Wir Streben nach der Anerkennung anderer. Wir streben nach Aufmerksamkeit anderer. Um es auf den Punkt zu bringen: wenn immer eine Person etwas postet, geht es dieser primär um die Likes, die Kommentare und die positiven Rückmeldungen.

Sie sucht Bestätigung und Anerkennung anderer. Wenn immer wir Aufmerksamkeit in Form von positiven Rückmeldungen bekommen, löst dieses eine Dopamin Ausschüttung in unserem Gehirn aus. Dopamin wirkt in unserem Körper wie eine Dosis injizierter Glückshormone.

Und genau das ist das Problem an der ganzen Sache. Alle Social Media Plattformen sind genau nach dem Prinzip maximaler Dopamin Ausschüttung konstruiert. Sie sind so aufgebaut, dass sie uns möglichst schnell abhängig machen sollen. Wenn immer wir auf Social Media unterwegs sind, verdient die jeweilige Plattform an unserer Aufmerksamkeit Geld, weil es für Unternehmen natürlich interessant ist, genau da wo sich die Zielgruppe befindet, in Werbung zu investieren.

Unser Ego läuft auf Social Media auf Hochtouren und wir konsumieren zu viele Inhalte von anderen. Von vermeidlich „perfekten"- und sorgenfreien Leben. Uns wird ständig kommuniziert, dass andere Menschen das makellose Leben führen, was sonst nur aus Hollywood Filmen zu entnehmen war.

Darin liegt das große Problem verwurzelt, warum die meisten nicht anfangen, ihre Träume zu realisieren: sie haben Angst nicht gut genug zu sein. Alles, was wir täglich an Inhalten konsumieren, sei es über Instagram, YouTube, Facebook, Bücher, Nachrichten usw., speichert unser Unterbewusstsein. Diese Referenzspeicherungen werden, schneller als wir denken, zu Glaubensätzen. Glaubenssätze bestimmen unser ganzes Leben. Egal was du tust, dein Handeln wird von einem deiner Glaubenssätze bestimmt und in die Wege geleitet.

Wenn du oft ins Gym gehst, liegt das daran, dass ein tief verwurzelter Glaubenssatz in dir das innere Verlangen auslöst, trainieren zu gehen. Wenn du viel mit deinen Freunden unternimmst, liegt das daran, dass ein Glaubenssatz in dir dich dazu veranlasst. In beiden Fällen handelt es sich um produktiv wirkende Glaubenssätze, welche unserem Leben einen tieferen Sinn geben.

Im Falle unseres Social Media Konsums sieht das allerdings anders aus. Ohne Frage sollten wir definitiv Social Media als Distributionskanal unserer Arbeit verwenden. Unseren Konsum sollten wir allerdings minimieren.

Wir sollten nur Menschen folgen, die uns inspirieren, uns neue Denkanstöße geben oder uns sogar zu einer höheren Lebensqualität verhelfen. Finden wir solche Menschen, ist das ein Segen. Sie sorgen mit Ihrer Arbeit dafür, dass wir starke, uns nach vorne bringende Glaubenssätze entwickeln. Es sind Menschen, die durch ihre Authentizität und Ihre Lebensphilosophie überzeugen.

Diese Menschen sind deshalb auf Social Media so erfolgreich, weil sie authentisch sind. Neulich habe ich ein Interview von Gary Vaynerchuk gesehen, in welchem er gefragt wurde, was den Unterschied auf Instagram ausmacht. Seine Antwort war kurz und knapp: „spit your truth, that's it".

Sobald wir anfangen, authentischen Content zu produzieren, verändern sich folgende zwei Dinge: erstens, fangen wir endlich an, unsere Ideen und Visionen, welche Produkte unserer harten Arbeit sind, mit der Welt zu teilen. Wir haben keine Angst mehr nicht gut genug zu sein, weil wir uns auf unserem Weg verbessern. Wir haben das Growth Mindset.

Zweitens, ziehen wir das an, was wir ausstrahlen: Authentizität. Es ist unfassbar, was für fantastische Persönlichkeiten ich in den letzten Wochen und Monaten kennenlernen durfte. Meistens kamen diese Personen auf mich zu, mit einem Feedback zu meinem aktuellen Content. Sofort war ich mit den meisten auf einer Wellenlänge.

So bauen Menschen, die Ihre Ziele konsequent und mit eiserner Disziplin verfolgen, ihr Netzwerk auf, was sie früher oder später definitiv brauchen werden.

Kapitel 4

Du hast es in dir, Zeit die Bestie aus dem Käfig zu lassen

Dieser Abschnitt wird mit Abstand eines meiner Lieblingskapitel dieses Buches. Wie viele von euch aus meinen Instagram- und YouTube Videos wissen, liebe ich einen leicht aggressiven- und gleichzeitig stets respektvollen Vortragsstil.

Und das hat einen ganz bestimmten Grund: die Bestie ist aus dem Käfig bei mir. Du kannst nur das in anderen entfachen, was in dir selber brennt. Wenn immer ich ein Video aufnehme, hat es einen ganz bestimmten Grund. Etwas, was mich innerlich dazu veranlasst, meine Sichtweise mit euch zu teilen.

Zu Beginn meiner Online Präsenz habe ich manchmal gehört: „Claudio, in einigen Videos kommt deine Art zu hart rüber, besuch mal ein Verkaufsseminar, damit du das besser hinbekommst."

Ich habe mir solche Rückmeldungen anfangs sehr zu Herzen genommen und dachte lange darüber nach. Ich probierte anders in den Videos rüberzukommen. Doch ich fühlte mich innerlich nicht wohl. Das war nicht ich. Es war die Maske, die ich aufsetzte, um meinen Kritikern zu gefallen. Ein großer Fehler.

Ein Fehler, aus dem ich eine wichtige Lektion fürs Leben lernte: wenn du versuchst es jedem recht zu machen, ist das dein erster Schritt weg von deiner Authentizität und rein in die Durchschnittlichkeit.

„Wenn du es versuchst jedem recht zu machen, ist das dein erster Schritt weg von deiner Authentizität und rein in die Durchschnittlichkeit.“
#werdeunaufhaltsam @claudioaroemer

Ich finde die Durchschnittlichkeit überaus langweilig und alles andere als inspirierend. Doch was ich noch viel weniger abkann sind Menschen, die jedem gefallen wollen und in der Hoffnung dieses zu erreichen, bei jedem rumschleimen.

Wir alle kennen sie. Die klassischen Mitläufer, aus der Schule, aus der Universität oder aus Sportvereinen. Sie haben keine eigene Meinung, sagen zu allem ja und amen und bringen vor allem keine Leistung. Das ist das Bemerkenswerte an der ganzen Sache: sie bringen keine Leistung.

Umgib dich nicht zu viel mit diesen Leuten, sie ziehen dich in deinen Ambitionen und deinem Potential runter.

Doch was noch schädlicher ist, ist die Tatsache, dass du deine Zeit mit ihnen verschwendest. Um zu wachsen, musst du dich mit Machern umgeben. Mit Menschen, die ihr eigenes Ding durchziehen und andere in ihrem Umfeld ebenfalls an Herausforderungen wachsen sehen wollen.

Im Idealfall sind sie bereits erfolgreich in dem, wo du gerne noch erfolgreich drin werden möchtest. Lerne von ihnen und lass dich von Ihrer herausragenden Persönlichkeit inspirieren.

Viele erfolglose Menschen ohne Ziele behaupten immer wieder, dass Erfolg davon abhängig ist, wen du kennst. Das stimmt aus der Sicht von Menschen, die keine Leistung bringen. Aber Sie vergessen, dass um in die Nähe von mächtigen- und erfolgreichen Menschen zu kommen, man zunächst Leistung bringen muss.

Leistung, die dich in deinem Ansehen aufsteigen lässt. Leistung, die dich überdurchschnittlich erfolgreich werden lässt. Leistung, die die Aufmerksamkeit dieser Menschen zieht. Das ist die praktische Übersetzung der berühmten *„law of attraction“:* du ziehst das an, was du bist und ausstrahlst. Bist du Durchschnitt, ziehst du auch nur den Durchschnitt an. Bist du erfolgreich, ziehst du den Erfolg an.

Wir haben es also selbst in der Hand. Einige behaupten zudem, dass es additiv mit Glück zu tun habe. Interessant, dann bitte ich diese Menschen dir einmal das Wort Glück im Hinblick auf deinen Erfolg, deine Zufriedenheit und dein wartendes-, erfüllendes Leben zu definieren.

Es gibt keine zutreffende Definition, weil dich signifikant nach vorne bringende Zufälle, schlicht nicht existieren.

Allerdings werden Gelegenheiten kommen, einen großen Schritt in Richtung deiner Ziele zu machen. Diese Chancen wirst du nur nutzen können, wenn du fokussiert auf deine Vision bist. Du hast es in der Hand, was passiert. Nicht der Zufall wird dich voranbringen, sondern dein Fokus, deine Vorbereitung, die auf die Gelegenheit trifft.

Es zählt Leistung. Leistung, die du permanent abrufen kannst. Niemand interessiert sich für deine Ausreden. Es gibt keine einzige Ausrede mehr für dich, nicht deine Träume zu realisieren und deine hochgesteckten Ziele zu jagen.

Doch wie erreichen wir nun herausragende Leistungen? Erinnerst du dich an das Beispiel ganz zu Beginn des Kapitels? Ich habe mich selber verloren in dem Versuch, es den Kritikern recht zu machen. Ich habe mir daraufhin die Kritiker selber mal genauer angesehen, um zu sehen, was sie eigentlich täglich an Leistung bringen.

Ich ging davon aus, dass sie selber außerordentliche Leistungen bringen würden, da sie es sich anmaßten, meine harte Arbeit so vorwurfsvoll zu kritisieren. Was ich dann sah, fand ich bemerkenswert: sie leisteten Garnichts. Im wahrsten Sinne des Wortes.

Sie kritisierten meine Vortragsweise und dabei produzierten sie nichts. Sie produzierten nicht mal mittelmäßigen-, oder gar schlechten Content. Sie produzierten einfach gar keinen Content.
Aus dieser Erfahrung habe ich eine wichtige Lehre abgeleitet:

„Kritisches Feedback von Menschen, die nicht selber im Ring stehen und kontinuierlich Leistung bringen, ist für uns irrelevant."
#werdeunaufhaltsam @claudioaroemer

Doch wieso maßen sich diese Menschen dann an, einen zu kritisieren? Die Antwort liegt tief in der menschlichen Psyche vergraben: sie kritisieren andere, die ambitioniert ihre Träume verfolgen und definitiv erfolgreich werden, damit sie sich innerlich besser fühlen. Sie versuchen damit unterbewusst ihren eigenen Misserfolg zu rechtfertigen.

Doch dabei könnten auch sie ab sofort anfangen, erfolgreich ihre hoch gesteckten Ziele zu realisieren, wenn sie sich auf sich selber konzentrieren würden und ihren Blickwinkel auf den Erfolg anderer verändern würden. Solange das allerdings nicht der Fall ist, werden sie genau dableiben, wo sie innerlich eigentlich gar nicht sein wollen.

Am nächsten Morgen stand ich um 5 Uhr auf, um in der morgendlichen Stille auf der Dachterrasse tief in mich hineinhorchen zu können. Das Einzige, was ich tat, war in der Ferne den sich anbahnenden Sonnenaufgang zu beobachten, mit einem Espresso in der Hand. In dieser Stille merkte ich, wie gut es tat einfach mal komplett „disconnected" von Social Media zu sein.
Es dauerte nicht lange bis ich wichtige Fragen über meine Online Präsenz innerlich zu beantworten vermöchte. Ich erinnerte mich daran, warum ich das alles tat, warum ich so viel Content für die Leute produzierte.

Als ich Anfang August 2017 aus San Francisco wieder nach Deutschland kam, empfand ich die Atmosphäre unter den Millennials (unsere Generation) als missgünstig und von Neid geprägt. Im Silicon Valley, dem mächtigsten Tal dieser Welt, hatte ich komplett andere Eindrücke mitnehmen können.

Es ist nämlich nicht so, dass um erfolgreich zu werden, man andere Menschen in seiner Umgebung runtermachen muss. Es ist vielmehr so, dass uns ein leistungsstarkes Umfeld besser macht. Besser, als wir es uns vorstellen können. Ich hatte es selber erlebt. Ich habe diesen magnetisch anziehenden- und mich besser machenden „Entrepreneurial Spirit" im Silicon Valley erlebt und inhaliert. Es war fantastisch, wie sich einander geholfen wurde zu wachsen. Menschen haben Mastermind-Gruppen gebildet und sind stärker gewachsen denn je.

Es war fantastisch mitzuerleben, wie viel produktiver man wurde, wenn man sich von dem Erfolg anderer hat inspirieren lassen. Genau diesen Spirit wollte ich mit nach Deutschland bringen. Deswegen hatte ich angefangen aktiv diese Werte in meiner Online Präsenz zu kommunizieren.

Meine Mission war größer als ich selbst. Ich hatte die Intention eine starke Gemeinschaft an erfolgshungrigen-, jungen Menschen aufzubauen, die sich einander unterstützten. Diese Vision ist bis heute der wichtigste Grund meiner Online Präsenz und das, was mich täglich antreibt Content zu produzieren.

In genau diesem Moment spürte ich etwas Beeindruckendes: Etwas in mir begann sich bemerkbar zu machen. Etwas, das ich in dieser Art erst sehr selten zuvor erlebte. Anfangs konnte ich es nicht definieren, je stärker ich mich allerdings auf dieses innere Gefühl konzentrierte, desto mächtiger wurde es. Ich wusste damals an jenem Morgen nicht wieso, aber intuitiv war ich mir plötzlich klar darüber, dass ich mein Ziel auf jeden Fall erreichen würde. Eine Klarheit, die so messerscharf alle Zweifel und jene Kritik filetierte, dass es mich euphorisch werden ließ.

Ich war mir damals noch nicht im Klaren darüber, dass das der Beginn einer großen Entdeckung war. Eine Sache, die mich veranlasste höher-, schneller-, weiter zu denken. Es war, als ob ich das erste Mal Espresso trinken würde und dieser zu stark wirke.

Innerlich staute sich langsam Wut an. Wut auf all die verstrichenen Möglichkeiten, die sich ambitionierte-, junge Menschen täglich entgehen ließen, weil sie negatives Feedback von erfolglosen Menschen bekommen hatten. Umso mehr ich diesen Sachverhalt visualisierte, desto stärker wurde diese Wut. Noch am selben Tag entschloss ich mich für meinen Traum all in zu gehen und Menschen fortan additiv zu inspirieren ihr Ding durchzuziehen.

Ich bin seit diesem Tag unaufhaltsam. Es interessiert mich nicht mehr, wer die Vision, die ich zielstrebig verfolge, kritisiert oder evtl. belächelt.

Das Einzige, was mich interessiert, ist alles dafür zu tun, was in meiner Macht steht, um die Vision eines glücklichen-, erfüllenden-, leistungsstarken- und erfolgreichen Lebens in den Köpfen ambitionierter Menschen zu etablieren.
Denn ein erfülltes und glückliches Leben ist das Resultat erbrachter Leistung, in deiner Leidenschaft.

„Das einzige, was mich interessiert, ist alles dafür zu tun, was in meiner Macht steht, um die Vision eines glücklichen-, erfüllenden-, leistungsstarken- und erfolgreichen Lebens in den Köpfen ambitionierter Menschen zu etablieren.“
#werdeunaufhaltsam @claudioaroemer

Der Großteil junger Menschen bringt keine Leistung. Der Großteil redet. Der Großteil nimmt sich viel zu wichtig. Das eigene Ego ist ihr Feind, wie es Bestseller Autor Ryan Holiday in einem seiner meisterhaften Bücher auf den Punkt gebracht hat.

Der Großteil beklagt sich, meckert und sucht Ausreden für seinen Misserfolg. Der Großteil ist faul, nicht fokussiert und alles andere als leistungsfähig. Aber nicht mehr du. Es wird Zeit. Zeit, endlich die Bestie aus dem Käfig zu lassen. Zeit, dir endlich einzugestehen, dass du alleine deine aktuelle Situation zu verantworten hast und niemand anderes. Zeit, zu erkennen, dass sich fast niemand für deine Gefühle interessiert. Zeit, zu realisieren, dass das Meiste auf Social Media oberflächlich ist. Zeit anzuerkennen, dass du wesentlich mehr leisten kannst, als du denkst. Zeit zu realisieren, dass alle Menschen, die den Erfolg anderer Personen kritisieren, niemals erfolgreich sein können.

Es ist an der Zeit, dass du die Entscheidung triffst, alles für die Realisierung deines Traumes zu tun, was erforderlich ist. Zeit zu verinnerlichen, dass 98% von uns alles erreichen können, was zuvor von Menschen bereits an Leistung und Erfolg erbracht wurde.

Weltbestseller Autorin Dr. Carol Dweck hat in Ihrem Meisterwerk „Mindset“ dazu sehr interessante Forschungsergebnisse des Psychologieprofessors Benjamin Bloom vorgestellt. Jeder von uns hat es in sich, doch nur wenige wissen, wie sie sich dieser Kräfte bedienen.

Tim S. Grover nennt es in seinem herausragenden Buch „Relentless“ den „Instinkt“, ich nenne es das Verlangen nach Wachstum. Das pure Verlangen nach Wachstum. Ein Verlangen, was durch keinen einzigen nur erdenklichen Widerstand gebrochen werden kann. Ein Traum. Ein Ziel. Eine Vision.

Die Entscheidung, alles dafür Notwenige zu tun, um diesen wunderbaren Aspekt des Lebens zu realisieren. Komme was wolle, ich werde meine Ziele so lange verfolgen, wie ich dafür brenne. Solange ich dafür brenne, werde ich alles tun, was notwendig ist, um meine Ziele zu erreichen.

Genau das ist die Bestie. Mächtig, hungrig, unantastbar und zerstörerisch. Zerstörerisch auf alle negativen Stimmen aus dem Umfeld. Die negativen Stimmen sind wie gefundenes Fressen für Sie. Sie hat keine Angst zu versagen oder es nicht zu schaffen. Keine Angst vor negativen Rückmeldungen anderer.
Einmal aus dem Käfig, ist ihr Hunger nach Wachstum unaufhaltsam. Sie wird auf ihrer Jagd alles, was sich ihr in den Weg stellt, aus dem Weg räumen.

Schon sehr bald werden die Kritiker sich andere zum Kritisieren suchen, denn sie realisieren, dass die Bestie in dir unantastbar ist. Unantastbar, unaufhaltbar und hungrig nach Wachstum. Die Kritiker werden Sie auf ihrem Weg zur Realisierung Ihrer Ziele nicht aufhalten können.

„Die Bestie in dir ist unantastbar, unangreifbar und hungrig nach Wachstum."
#werdeunaufhaltsam @claudioaroemer

Lasst uns kurz einen Blick in die faszinierende Welt der Tiere werfen, um diesen Punkt zu verinnerlichen. In der Natur macht sich der Adler auf den Weg, mit einem ganz klaren Ziel vor Augen: Beute machen.

Den Greifvogel interessiert es nicht, wer ihn mag, oder wer sein Ziel kritisiert. Er ist auf der Jagd und alles was er im Kopf hat, ist möglichst fette Beute zu erwischen. Genau deswegen ist er im Jagen, so wie alle anderen Raubtiere auch, erfolgreich. Er hat ein Ziel. Einen Fokus. Eine Mission. Kein Platz für Ablenkung in seinem Kopf. Kein Platz für Kritik von anderen in seinem Kopf. Keinen Platz für Multitasking in seinem Kopf. Ein Ziel: die Beute. Nur das zählt für Ihn.

Wir Menschen hingegen werden sukzessive verblödet durch die Informationsüberflutung 2018, die von allen Seiten kommt. Hochskalierte-, irrelevante Informationen, die auf uns einströmen, lassen uns komplett den Fokus und unsere Ziele aus den Augen verlieren. Laut Cal Newport, surft ein erschreckend hoher Anteil an Arbeitnehmern während der Arbeitszeit im Internet rum. Was für eine Zeitverschwendung.

Was für eine Verschwendung an wertvollen Fähigkeiten dieser Menschen. Was für eine miserable Entwicklung für Unternehmen. Dadurch ergibt sich automatisch, dass jeder, der Leistung bringt, gewinnen wird.

Wir sprechen hier von echter Leistung und keinen pseudo Ergebnissen. Viele Verkaufstrainer predigen immer wieder etwas, das ich für vollkommen falsch halte: verkauft euch größer, als ihr seid. Was ein schlechter Ratschlag, der langfristig nur in die Hose gehen kann. Nein, wir sprechen von wahrer Leistung. Leistung, die einen echten Wert als Resultat hervorbringt.

Leistung, die jeder, der konzentriert genug ist, erbringen kann. Wahre Leistung ist in den letzten Jahren stetig weniger geworden. Viele prahlen, doch nur wenige liefern wirklich ab. Prof. Cal Newport beschreibt dieses Phänomen als deutlich erkennbar in „Deep Work".

„Viele prahlen, doch nur wenige liefern wirklich ab."
#werdeunaufhaltsam @claudioaroemer

Erst wenn wir wahre Leistung erbracht- und somit einen hohen- und vor allem echten Wert in den Markt gebracht haben, sollten wir stolz unser Resultat kommunizieren. Aber nicht vorher und erst recht nicht in Form von „auf die Sahne hauen".

Wir sollten tunlichst vermeiden, über uns selber zu prahlen. Es ist viel geschickter, anderen Einblicke in unsere erbrachten Leistungen zu geben. Wie wir dieses Level an Leistung erreichen konnten, oder was wir auf dem Weg zum Erfolg gelernt haben, das ist das, was andere Menschen fasziniert.

„Erfolgreiche Menschen hauen nicht vor anderen in einer narzisstischen Art und Weise auf die Sahne", trichterte mein Vater uns immer wieder ein.

Er selber hat nur selten darüber geredet, was er alles erreicht hatte, als viel mehr darüber, was er alles gelernt hatte auf dem Weg zur Realisierung seiner Ziele.
Dieser kleine, aber feine Unterschied ist unglaublich effektiv: anstatt sich in den Mittelpunkt zu stellen, stellte er seine Lehrstunden in den Fokus und wir lernten aus seiner jahrzehntelangen Erfahrung und Arbeit.

„Es ist wesentlich geschickter seine Lehrstunden-, als sich selber in den Mittelpunkt zu stellen.“
#werdeunaufhaltsam @claudioaroemer

Zusammenfassend: es wird Zeit, die Bestie endlich aus dem Käfig zu lassen und starke Leistungen in den Markt zu bringen, um anderen Menschen einen hohen Mehrwert zu gewährleisten. Der Erfolg wird automatisch kommen. Du wirst ihn anziehen, wie ein Magnet. Das ist das Gesetz der Anziehung, „The law of Attraction“.

Kapitel 5

Hindernisse und Rückschläge lassen die Bestie in dir wachsen

Wir neigen dazu, in vielen Dinge eine Gefahr für unser Wohlbefinden zu assoziieren. Das ist der Grund, wieso wir uns von Natur aus eher auf negative Dinge fokussieren, als analog auf -positive. Projiziert auf unsere Vorfahren, bedeutete dieser Mechanismus zu Überleben. Nur wer eine potentielle Gefahr innerhalb von Windeseile als solche erkannte, konnte sich rechtzeitig in Sicherheit bringen.

Zum Glück leben wir im Jahr 2018 und müssen uns in unseren Breitengeraden nicht den ganzen Tag über unser Überleben Sorgen machen.

Wir haben in Deutschland keine lebensbedrohlichen Kriege, keine Hungernöte und keine dramatischen Umweltkatastrophen. Wir sind im wahrsten Sinne des Wortes gesegnet worden. Gesegnet worden in einem so fantastischen Land leben zu dürfen. Unter dieser Betrachtungsweise erscheinen die Probleme der meisten Menschen als nichtig.

Basierend auf dem eben beschriebenen Urinstinkt „Überleben", neigen wir dazu unseren Fokus auf eher uns negativ beeinflussende Faktoren zu legen. Das tun wir allerdings nur solange, bis wir den biologischen Mechanismus dahinter verstanden haben. In Wahrheit benötigen wir diesen eingespeicherten Mechanismus heute nur noch selten. Er steht uns sogar signifikant im Weg, wenn wir mehr erreichen wollen, als unseren aktuellen Status quo.

Dieses neuroassoziativ eingespeicherte Programm, lässt uns Angst vor Hindernissen und Rückschlägen verspüren. Hinzu kommt, dass wir Angst haben zu „versagen“ und somit in den Augen unserer Mitmenschen als „Versager“ dastehen. Dieses Unbehagen lässt sich ebenfalls auf unsere Vorfahren zurückführen, denn man konnte nur in der Gemeinschaft überleben. Sobald die Gruppe einen ausgeschlossen hatte, war das ein schlechtes Omen für die individuelle Zukunft, da man nicht im Stande war, alleine zu überleben. Dieser zweite Mechanismus ist ebenfalls bis heute koordinativ in unserem Nervensystem verankert.

Summa Summarum lassen sich hieraus wichtige Schlüsse ableiten:

1. Es entspricht der Norm, die Emotion der Angst zu verspüren und sich in voraussichtlich nie eintreffende Dinge hineinzusteigern.

2. Wir sind darauf programmiert „Angst“ vor dem Versagen zu spüren, weil wir somit wahrscheinlich aus der uns umgebenen Gruppe damals ausgeschlossen worden wären.

Diese beiden Herausforderungen lassen sich lösen, indem wir Hindernisse und Rückschläge nicht als Probleme, sondern als Herausforderungen assoziieren. Alleine die Umstellung unseres Vokabulars von „Problem“ auf „Herausforderung“ lässt uns die gesamte Situation als weitaus positiver wahrnehmen.

Aus den über 100 Büchern, die ich zu diesem Thema studiert habe, geht klar hervor, dass eine positive Grundeinstellung uns unsere Ziele wesentlich effizienter erreichen lässt. Warum ist das so? Mit einem konstruktiv-, positiven Weltbild entwickeln wir produktivere Glaubenssätze, die uns zu höheren Leistungen führen.

Hindernisse und Rückschläge, welche wir ab jetzt nicht mehr als „Probleme", sondern als „Herausforderungen" klassifizieren sind somit in Wahrheit Geschenke. Herausforderungen sind großartige Geschenke und fantastische Möglichkeiten sich weiterzuentwickeln.

Anstatt Herausforderungen zu scheuen und vor ihnen wegzulaufen, solltest du sie aktiv suchen und bestehen. Ich garantiere dir, du wirst schneller wachsen, als jemals zuvor. Herausforderungen versetzen uns in die praktische Realisierung eines starken menschlichen Bedürfnisses: dem Bedürfnis nach Wachstum und Selbstentfaltung.

Wichtig hierbei ist, auf deinen Instinkt zu vertrauen. Unser Instinkt ist ein so hocheffizienter Wegbegleiter auf unserem Weg, dass er bei fast allen Entscheidungen und Bewertungen richtig liegt.

Der Instinkt ist dein Bauchgefühl, deine innere Stimme. Dein Instinkt ist die Bestie in dir. Sie wächst an Herausforderungen und sucht aktiv nach herausfordernden Aufgaben, um besser zu werden. Ohne fordernde Aufgaben wird die Bestie klein und schwach. Es verhält sich genauso wie mit einem Muskel. Der Querschnitt eines Muskels wird größer, wenn wir ihn richtig trainieren und sukzessive den Widerstand in Form von Gewichten erhöhen.

Fangen wir an, die Herausforderung nach höheren Widerständen zu scheuen, wird seine Größe stagnieren und sogar allmählich abnehmen. Somit ist der Status quo eine für unsere Entwicklung tückische Falle. Er suggeriert uns Sicherheit, Wärme und die vertraute Komfortzone. Herausragende Leistungen wurden allerdings noch aus einer Komfortzone heraus erbracht. Doch genau solchen Leistungen bedarf es, wenn wir unaufhaltsam werden wollen.

Der Markt weiß nur noch hochklassige Leistung wertzuschätzen und verbannt die Durchschnittlichkeit in die Irrelevanz. Unser Leben ist zu kurz, um irrelevant zu sein. Wer jedoch einmal den Entschluss gefasst hat, seine klar definierten ambitionierten Ziele zu erreichen, der weiß, dass er dahingehen muss, wo es wehtut und wo andere nicht hingehen: raus aus der Komfortzone.

Wenn wir dieses Mindset der mutigen Herangehensweise an Hürden und Herausforderungen entwickeln, vermögen uns nur noch wenige externe Faktoren aufhalten zu können. Diese werden später im Buch noch genauer unter die Lupe genommen und zu unserem Vorteil verwendet.

„Wir sollten Hindernisse und Rückschläge nicht als Probleme, sondern als Herausforderungen assoziieren."
#werdeunaufhaltsam @claudioaroemer

Kapitel 6

Zeige es allen, die nie an dich geglaubt haben

Viele Philosophen attestieren, dass wahre Größe und Stärke von innen kommt und keinen äußeren Gegebenheiten bedarf. Dem stimme ich zu.

Dennoch formen wir unsere tief verwurzelten Glaubenssätze und Handlungsweisen aus zuvor extern-, sensorisch aufgenommenen Eindrücken unserer Umwelt. Das ist der Grund, warum unser Umfeld so wichtig für uns ist.
Es entscheidet im wahrsten Sinne des Wortes zu einem signifikant hohen Anteil mit über unsere Zukunft. Dein Umfeld ist für dich so wichtig, dass wir über dieses faszinierende Thema noch im Detail referieren werden.

Wenn jemand nicht an mich geglaubt hat, mich versucht hat klein zu reden, war das wie Treibstoff. Treibstoff, mit dem ich die Bestie gefüttert habe. Diese, auf den ersten Blick wahrgenommene, negative Erfahrung war einer der Grundpfeiler meiner akademischen –und bislang unternehmerischen Exzellenz.

Ich habe es allen gezeigt. Allen Neidern, die mich damals klein reden wollten. Heute weiß ich, dass sie in Wahrheit ein Selbstwertproblem hatten und durch das Herunterreden anderer, sich besser fühlten. Ein Kreislauf, der langfristig nur in den Misserfolg führen kann.

Genauso ebnete sich auch der Weg zweier Jungs, die damals andere runtergemacht haben. Ich kannte sie seit der Grundschule. Zwei Jungs aus mittelständigen Familien. Die Lieblinge der Lehrer. Die „Musterknaben" betitelte meine Grundschullehrerin die beiden vor über 16 Jahren.

Interessanterweise ist jeder der beiden heute weder erfolgreich, noch in irgendeiner Form relevant. Hätten beide sich auf sich selber konzentriert, anstatt auf andere, wären sie heute wahrscheinlich bedeutend erfolgreicher und relevanter.

Springen wir zurück ins Jahr 2002. Damals war ich 10 Jahre alt und hatte den Traum aufs Gymnasium unserer Stadt zu gehen. Auf der Rückfahrt von der Grundschule nach Hause redeten wir Kinder im Schulbus, wer auf welche weiterführende Schule gehen wird. Als ich an der Reihe war, sagte ich stolz, dass ich aufs Gymnasium gehen werde und das mit dem Direktor des Gymnasiums bereits in trockenen Tüchern sei.

Einer der beiden fing an, gestellt übermäßig laut zu lachen. „Du willst aufs Gymnasium? Das schaffst du doch nie." Ich kann mich noch ganz genau an seinen Gesichtsausdruck erinnern, welcher kommunizierte „Ich bin der Beste hier".

In der Grundschule war ich gut. Nicht sehr gut, aber gut. Ich war damals schon von der Mathematik fasziniert und so wurde dieses Fach zu meinem mit Abstand besten. Einige aus unserer damaligen Klasse gingen aufs Gymnasium. Vier davon, mit mir eingeschlossen, kamen auf dasselbe Gymnasium in dieselbe Klasse.

Zurück ins Jahr 2018. Beide der Jungs haben heute nichts vorzuweisen, als einen so gerade geschafften Abiturabschluss, der bereits einige Jahre zurückliegt. Beide sind versunken im Nirgendwo, so scheint es. Keiner der beiden hat akademische – oder berufliche Exzellenz erreicht.

Ich habe ein signifikant besseres Abitur gemacht. Vier Jahre später habe ich meinen ersten akademischen Titel des Bachelors of Science in Technischem Management und Marketing mit 1,0 in meiner Bachelorarbeit abgeschlossen und wurde der erste Student in der Geschichte der Hochschule, der an einer amerikanischen Elite Universität zum Masterstudium angenommen wurde.

Ein weiteres Jahr später habe ich den hohen akademischen Grad des Masters of International Business mit überdurchschnittlich guten Noten verliehen bekommen.

Heute bin ich erfolgreicher Immobilienunternehmer –und Investor und baue kumulativ neben dieser Leidenschaft meine zweite Leidenschaft auf, nämlich eine einzigartige-, starke Personal Brand, welche auf Erfolgspsychologie im Kern spezialisiert ist.

Kapitel 7

Freude, Glück und Zufriedenheit kommen durch Leistung

Laut Überlieferungen haben sich bereits die Philosophen der Antike mit dem Thema Glück und Zufriedenheit intensiv befasst. Kein Wunder, denn in Wahrheit strebt jeder von uns nach Glück, Erfüllung, Liebe und Zufriedenheit.

Bereits Aristoteles (384 v. Chr. – 322 v. Chr.) widmete einen großen Teil seines Lebens und seiner Lehren diesem Themenkomplex.

Die längste an der Menschheit durchgeführte Studie dazu, welche von Prof. Robert Waldinger in einem beeindruckenden TED Talk vorgestellt wurde, kommt bislang zu der Erkenntnis, dass authentische, zwischenmenschliche Beziehungen am glücklichsten machen.

Allerdings lässt sie außer Acht, dass wir zunächst selber zu einer erfüllten- und ambitionierten Person werden müssen, um genau diese Menschen in unser Leben zu ziehen. Wir ziehen das an, was wir ausstrahlen: the law of attraction.

Da mein Wissenshunger, nach Waldingers TED Talk, noch lange nicht gestillt war, begannen meine Recherchen. Während meiner Nachforschungen, verbrachte ich viele Stunden in Universitätsbibliotheken und wurde von meiner Familie viel am Rechner gesehen.

Als ich vor einiger Zeit auf der KÖ in Düsseldorf meinen Espresso schlürfte, traf ich einen Freund, welcher gerade auf direktem Wege zur Mayerschen Buchhandlung war. Die Mayersche hatte ein faszinierendes Gebäude, angrenzend zur KÖ. Viele von euch wissen ja, dass ich Bücher absolut liebe, obwohl ich kein Bücherwurm bin.

Ich assoziiere eher sehr erfüllende Emotionen mit physischen Büchern. Sie geben mir das Gefühl von Selbstentfaltung und persönlichem Wachstum.

Während mein Freund zielstrebig nach einem passenden Buch für seine Verlobte suchte, sprang mir ein hellgrünes Buch im Gang an der Fensterfront ins Auge: „Flow - Das Geheimnis des Glücks".

„Von Prof. Mihály Csíkszentmihályi habe ich tatsächlich noch nie etwas zuvor gehört", dachte ich mir in diesem Moment.

Nach einem kurzen-, überfliegenden Blick ins Buch, entschloss ich mich kurzer Hand, das Buch mitzunehmen.

Nach drei Tagen hatte ich das Buch in seiner Kernthese durchgelesen und verinnerlicht. Die Erkenntnisse, welche ich daraus zog, waren bahnbrechend: wahres Glück, Erfüllung und Zufriedenheit kommen durch Leistung. Um genauer zu sein, kommt es durch lebenslanges-, persönliches Wachstum. Kontinuierliches Wachstum in einer Aktivität, die unserer Leidenschaft entspricht.

Wachstum kommt von sukzessiv höher erbrachter Leistung. Diese Aktivitäten verbindet ein gemeinsames Kriterium: sie sind in sich schon lohnend, sie sind intrinsisch. Alleine die bloße Ausübung dieser Aktivitäten, lässt uns Erfüllung verspüren und erleben.

Wenn wir diese Erkenntnisse individuell proaktiv in unserem Leben berücksichtigen, werden wir genau die Menschen anziehen, die ein ähnlich glückliches-, und erfüllendes Leben haben.

Somit wird aus der längsten Studie der Menschheitsgeschichte, welche sich mit diesem Thema seit über 75 Jahren beschäftigt, ein Schuh.

Teil 2

Werde unaufhaltsam

Kapitel 8

Die Neuroassoziative Konditionierung auf Erfolg und Leistung

Es gibt Leistung ohne Erfolg, aber es gibt keinen Erfolg ohne Leistung. Erfolg per se folgt immer einer zuvor erbrachten Leistung, warum sollte es auch anders sein? Somit ist Erfolg die Entscheidung, sich einem leistungsstarken Leben zu widmen.

Für mich lässt sich Erfolg aus zwei verschiedenen Sichtweisen interpretieren. Zum einen sind diejenigen erfolgreich, welche ihre klar definierten-, und hochgesteckten Ziele in einem bestimmten Zeitintervall erreichen.

Zum anderen sollten wir auch die Menschen als erfolgreich assoziieren, welche es geschafft haben, hauptsächlich das tun zu können, was sie lieben.

Beide Gruppen haben im Kern ihrer Erfolgsgeschichten eine Gemeinsamkeit: das Verlangen ein gewünschtes Ergebnis in einer bestimmten Zeit zu erzielen. Ihr Verlangen nach dem gewünschten Ergebnis war so groß, dass sie allen Widerständen strotzten und ihr Ding bis zum Ende durchgezogen haben.

Dass das Verlangen eines Menschen eine signifikant hohe Rolle in erbrachter Leistung und geerntetem Erfolg spielt, das wusste bereits Napoleon Hill. In seinem Meisterwerk: „Denke nach und werde Reich“, steht es mit an erster Stelle.

Wie entwickeln wir nun ein derartiges Verlangen, welches stark genug ist, um uns über alle auf uns zukommenden Hindernisse, zu ziehen? Die Antwort fand ich in Anthony Robbins Bestseller: „Das Anthony Robins Power Prinzip."

Im Grunde genommen basiert diese Methode auf dem Mechanismus menschlicher Entscheidungen. Wir entscheiden immer aus zwei Gesichtspunkten heraus: zunächst basieren alle Entscheidungen darauf, Schmerz zu vermeiden. Wenn wir potentiellen Schmerz vermieden haben, streben wir nach dem Erzeugen von Freude.

Das Vermeiden von Schmerz und die Erzeugung von Freude sind zwei mächtige Mechanismen, die uns als Spezies Mensch bis heute auf dieser Erde überleben lassen haben.

Wir sollten uns dieser potentiellen Macht bedienen, indem wir mit unserem aktuellen Status quo tiefe Schmerzen- sowie mit dem Erreichen unseres klar definierten Zieles große Freude verbinden. Mal dir all die fantastischen Entwicklungen aus, welche mit der Erreichung deines Zieles einhergehen. Versetze dich mental in diesen euphorischen Zustand der Zukunft und spüre, wie er sich anfühlt.

Als nächstes denkst du über deinen aktuellen Zustand nach. Assoziiere Schmerz mit diesem, indem du dir all die negativen Dinge verinnerlichst, die mit diesem Zustand einhergehen. Was wirst du verpassen, wenn du so weiter machst?
Was für negative Konsequenzen wird es haben, wenn du so weiter machst, wie bislang? Wo könntest du heute schon sein, wenn du früher gestartet hättest? Verdeutliche dir, dass du nur ein einziges Leben hast und dass du dir bislang viele Chancen hast entgehen lassen auf deinem Weg. Chancen, die nicht wiederkommen werden.

Es werden allerdings weitere Chancen kommen, wirst du sie ergreifen?
Wenn du alles richtig machst, dann wirst du nach der Anwendung dieser mächtigen Technik massive Schmerzen mit deinen aktuellen Verhaltensmustern assoziieren. Additiv wirst du große Freude mit der Realisierung deiner Ziele verknüpfen.

Du hast erfolgreich dein Unterbewusstsein auf Erfolg und Leistung programmiert. Hieraus wirst du neue Glaubenssätze entwickeln. Stark produktiv wirkende Glaubensmuster, welche dich ins Handeln bringen. Solange du diesen Zustand der neuroassoziativen Konditionierung aufrechterhalten kannst, wirst du mit großen Schritten deinen Visionen näherkommen und das mit jedem Tag.

Kapitel 9

Die Bestie in dir ist nun stark genug

Der erste Schritt, um unaufhaltsam zu werden, war die Bestie aus dem Käfig zu lassen. Die Bestie in dir ist dein Instinkt. Es ist die absolute Gewissheit, dass was du tust, das Richtige ist.

Egal was passiert, du lässt dich nicht mehr vom Pfad zu deinen Zielen und Ambitionen abbringen. Nichts wird dich in deiner absoluten Selbstsicherheit vom Weg abbringen und dein Fokus aufs Ziel ist messerscharf. Es ist wie die Bestie, die in der Natur auf Beutefang geht. Sie hat im Instinkt Beute zu machen, nur das zählt.

Metaphorisch übertragen heißt das für uns, dass wir unsere klar definierten Ziele solange verfolgen, bis wir sie erreichen, oder sie uns zu anderen erstrebenswerten Zielen führen. Wir lassen uns nicht von der negativen Meinung anderer verunsichern und werden die Zügel nicht mehr lockerlassen, egal was passiert. Wir wissen, dass nur die tatsächlich erbrachte Leistung am Ende des Tages zählt und dafür tun wir alles, was erforderlich ist.

Visualisiere immer die Bestie in dir, die Ihr Ziel am Ende des Tages erreicht. Sie muss Beute machen, sonst wird Sie nicht überleben. Similär verhält es sich mit unseren ambitionierten Zielen. Werden wir sie innerhalb einer bestimmten Zeitspanne nicht erreichen, verlieren sie ihre Anziehungskraft in unseren täglichen Verhaltensmustern. Wir werden uns mit der Zielsetzung in ihrer hocheffektiven Form in Kapitel 10 befassen.

Aus Teil 1 dieses Buches wissen wir, dass wir es nicht allen recht machen werden und somit im Laufe unseres Handelns unausweichlich auf Widerstand treffen. Widerstand in Form von negativem Feedback von außen. Es wird Menschen geben, die dich belächeln und deine Ziele für unrealistisch halten. Es wird Menschen geben, die dich versuchen in deinem Selbstwert runterzudrücken.

Du wirst auf Menschen treffen, die neidisch darauf sind, dass du dein Ding, mit allem was dazugehört, durchziehst. Sei gewappnet, es wird kommen. Je herausragender deine Leistungen werden, desto relevanter wirst du für den Markt und deine Zielgruppe. Je relevanter du wirst, desto mehr Menschen werden dich kennen.

Du wirst Aufmerksamkeit in einem Maße bekommen, was du zuvor nicht für möglich gehalten hättest. Mit steigender Aufmerksamkeit, wird auch die Personengruppe an Neidern wachsen. Genau hier wird sich entscheiden, ob deine Bestie bereits stark genug ist und ob du sie zuvor ausreichend jagen gelassen hast. Ist sie stark genug, wirst du den negativen, dich runterziehenden Menschen, keinerlei Beachtung schenken.

Du hast keine Gefühle für sie, sie sind dir schlichtweg egal. Verweigerst du Ihnen deine Aufmerksamkeit, werden sie verstummen. Stattdessen konzentrierst du dich auf all die wundervollen Menschen, die dir wohlgesonnen sind und dich gewinnen sehen wollen. Fokus auf die Menschen, welche dir begeistert auf deinem Weg zugucken und welche sich von dir inspirieren lassen und dich wachsen sehen wollen.

Es sind die fantastischen Menschen, die genau wissen, dass das was du tust, einen herausragenden Mehrwert hat. Es sind die Menschen, die selber viel in ihrem Leben erreichen wollen. Baue diese Menschen durch deine herausragenden Leistungen auf und hilf Ihnen zu wachsen. Sie werden es dir ein Leben lang danken. Sobald du in den Menschen in deinem Umfeld einen Wachstumsprozess initiierst, wird dein Umfeld sukzessive und signifikant stärker.

Jim Rohn erläuterte einst, warum wir ein leistungsstarkes Umfeld für maximale Performance brauchen, nämlich, weil wir dadurch von leistungsstarken Menschen umgeben sind, die hohe Anforderungen an sich selbst- und somit auch an die Menschen in ihrer Nähe haben. Durch hoch gesteckte Anforderungen wachsen wir.

Tatsächlich ist es so, dass der schnellste Weg zu nachhaltigen positiven Veränderungen in unserem Leben eine signifikante Erhöhung unserer eigenen Standards ist.

Ein starkes Umfeld initiiert, dass die Bestie in uns wächst, weil wir unseren Fokus auf leistungsstarke- und erfolgshungrige Menschen lenken. Unser Fokus bestimmt unsere Wahrnehmung.
Unsere Wahrnehmung nimmt direkten Einfluss auf unseren Instinkt und entscheidet somit über das Stärkenportfolio unserer inneren Bestie.

Kapitel 10

Die Magie großen Denkens und ambitionierter Ziele

Der großartige Benjamin Disraeli schrieb einst, dass das Leben zu kurz sei, um unbedeutend zu sein. Wir wurden geboren, um zu wachsen an unseren Herausforderungen. Wir wurden geboren, um mit unserem individuellen Potential herausragende Leistungen zu erbringen und glücklich zu sein. Um unaufhaltsam zu werden, müssen wir groß denken und unsere Ziele ambitioniert dem Denken anpassen.

San Francisco, 2016: bereits nach der ersten Woche merkte ich einen elementaren Unterschied zwischen den Startups in der Technologiehochburg der USA und denen, welche ich in Deutschland kennengelernt hatte. Dieser Unterschied lag in der Denkweise: im Silicon Valley betrachteten Entrepreneure Probleme und Herausforderungen euphorisch als Möglichkeit, Herausragendes zu schaffen. In Deutschland neigte der Großteil, der mir bekannten Unternehmer, eher dazu, Herausforderungen aus dem Weg zu gehen.

Den Unterschied in der Relevanz sehen wir mehr als deutlich seit Jahren: das Silicon Valley diktiert die Technologie von heute, von morgen und von übermorgen. Die Startups sprießen dort aus dem Boden, weil sie von enthusiastischen Unternehmern gegründet und aufgebaut werden, welche groß denken und Herausforderungen, die es zu lösen gilt, aktiv suchen und dazu passende Lösungsansätze entwickeln.

Die Unternehmer in dem mächtigsten Tal der Welt (Silicon Valley), denken schlicht und ergreifend einfach größer als wir. Wir sind auf Sparkurs, die Amerikaner sehen Geld als Ressource zum Investieren. Was nicht wächst, das stirbt.

Ein Gesetz, welches ich das erste Mal mit 7 Jahren gehört hatte und welches nicht zutreffender jenen Unterschied in der Denkweise zum Ausdruck bringen könnte. Lebenslanges Wachstum muss zu unserer Priorität werden. Es sorgt nicht nur für herausragende Leitungen und Unaufhaltsamkeit, es sorgt additiv für ein erfüllendes- und glückliches Leben.

Der Mensch hat das biologische Bedürfnis zu wachsen, zu lernen und an Bedeutung zu gewinnen.

Einer der größten Denker des 20 Jahrhunderts, Dale Carnegie, schrieb einst, dass der hauptsächliche Unterschied zwischen Mensch und Tier darin liege, dass der Mensch bedeutend und somit wichtig sein möchte.

Die wahre Macht großen Denkens ist, dass es unsere Glaubenssätze stark positiv beeinflusst. Wir fangen an, uns mehr zuzutrauen und an uns zu glauben. Dr. David Schwartz schrieb einst dazu „belief triggers the power to do." zu Deutsch: der Glaube versetzt Berge.

„Großes Denken beeinflusst stark positiv unsere Glaubenssätze und führt zu ambitioniertem Handeln. Ambitioniertes Handeln führt zu herausragenden Leistungen."

@werdeunaufhaltsam #claudioaroemer

Kapitel 11

Fokussiere dich auf wenige Dinge, um herausragend zu werden

Ein berühmtes Sprichwort besagt: „if you want to catch two rabbits at the same time, you won't catch neither." Zu Deutsch: wenn du versuchst 2 Hasen auf einmal zu fangen, wirst du keinen der beiden fangen."

Die wirklich unaufhaltsamen Menschen in unserer Gesellschaft, fokussieren sich auf einige-, wenige Aktivitäten, in denen sie mit allem, was sie haben danach streben, herausragend zu werden. Herausragend in ihren Stärken. Herausragend in ihrer Leidenschaft. Herausragend in ihrem Fokus.

Fokus ist hierbei das Stichwort: vergiss den Mythos des Multitaskings. Multitasking existiert in unserem Vorhaben, unaufhaltsam zu werden, nicht.
Der Bestseller Autor und Universitätsprofessor Cal Newport hat dazu aufschlussreiche Erkenntnisse veröffentlicht: um herausragende Leistungen in bestmöglicher Zeit zu produzieren, brauchen wir hochkonzentrierte-, ungestörte lange Phasen von tiefem Fokus auf eine einzige Sache. Diese Erkenntnis ist besonders heute in der New Economy (Digitales Zeitalter) wichtig. Newport beschreibt es so, dass die New Economy die belohnen wird, die Höchstleistungen in kurzen Zeitabständen bringen.

Einer meiner besten Freunde befindet sich gerade an der Uni Bochum in seinem Masterstudium im Bereich Vertrieb und Verkauf. Heute ist er sehr erfolgreich in dem, was er tut.

Er setzt sich ambitionierte Ziele, erreicht diese in einer vorgegebenen Zeit und setzt sich danach die nächst höheren Ziele. Somit erklimmt er sukzessive den Olymp in seinem spezifischen Fachgebiet.

Noch bis vor 2 Jahren befand er sich in der endlos langweilig wirkenden Durchschnittlichkeit und taumelte ziellos umher. Was war passiert? Wie unterschied er sich zu damals?
Die Antwort ist ebenso simpel, wie übereinstimmend mit der Theorie des destruktiv wirkenden Multitaskings: heute setzt er sich wenige-, aber dafür hohe Ziele in wenigen Bereichen seines Lebens, um herausragend darin zu werden. Damals hingegen hatte er versucht in möglichst vielen Bereichen gut abzuschneiden.

Die Betonung hierbei liegt auf „versucht", weil es schlichtweg nicht möglich ist, in vielen Bereichen gleichzeitig zur Elite zu gehören.

Denn zur Elite gehören diejenigen, die erstens Talent bzw. ihre Stärken in dem Bereich haben, zweitens diejenigen, die leistungsorientiert sind und drittens diejenigen, welche täglich hart an sich und dieser einzigen Sache arbeiten, um ihre Fähigkeiten permanent zu verbessern.

Durch diese Kombination der drei Punkte wird klar, wieso es in der Praxis unmöglich ist, mit Multitasking in vielen Bereichen herausragend- und unaufhaltsam zu werden. Unumstritten kann man in mehreren Feldern „gut" werden, aber wer will schon gut sein, wenn er herausragend in seiner Leidenschaft werden kann? Die Wahrheit ist, dass es nicht mehr ausreicht, einfach nur gut zu sein in der New Economy.
Der Großteil der Leute wird immer durchschnittliche Leistungen bringen. Einige werden gute Leistungen erbringen. Die Elite leistet allerdings das, was jeder bewundert: Höchstleistungen.

Jeder von uns will bedeutend sein. Wie es Benjamin Disraeli damals auf den Punkt gebracht hat: das Leben ist zu kurz, um unbedeutend zu sein. Du wirst bedeutend, indem du zu der Elite in deinem Bereich gehörst. Zur Elite wirst du gehören, wenn du herausragende Leistungen bringst und dich von nichts und niemandem von deinem Ziel ablenken lässt. Bist du unaufhaltsam, kann dich nichts aus der Bahn werfen. Bist du dazu noch talentiert, wirst du den Olymp bis nach ganz oben erklimmen können.

„Wie es Benjamin Disraeli damals auf den Punkt gebracht hat: das Leben ist zu kurz, um unbedeutend zu sein. Du wirst bedeutend, indem du zu der Elite in deinem Bereich gehörst.“

#werdeunaufhaltsam @claudioaroemer

Kapitel 12

Das hocheffektive Prinzip Pareto 80/20

Ein bekanntes Sprichwort sagt, dass viele Wege nach Rom führen. Das mag sein, dennoch kann man nach Rom entweder auf dem direkten- und somit effizientesten Weg fahren, oder man fährt zuerst um die halbe Welt, um an seinem Ziel anzukommen.

Wir haben bereits auf den vorherigen Seiten die Wichtigkeit ambitionierter Ziele zusammen erkundet und erläutert. Klar definierte Ziele sind elementar wichtig, denn wenn du nicht weißt, wo du hinkommen möchtest, wirst du dahin kommen, wo du nicht hinkommen möchtest.
Menschen mit einer klaren Vorstellung ihrer Ziele, erreichen immer mehr, als jene, die keine klaren Vorstellungen haben.

Auf dem Weg von deinem aktuellen Status quo zu deinem Ziel musst die dir hocheffektive Gewohnheiten aneignen, mit Hilfe derer du kontinuierliche Leistungssteigerungen in den wichtigsten Aktivitäten, die dich zum Ziel führen werden, erbringst. Diese hocheffektiven Gewohnheiten werden wir später in diesem Buch besprechen und erarbeiten.

„Auf dem Weg von deinem aktuellen Status quo zu deinem Ziel musst die dir hocheffektive Gewohnheiten aneignen, mit Hilfe derer du kontinuierliche Leistungssteigerungen in den wichtigsten Aktivitäten, die dich zum Ziel führen werden, erbringst."
#werdeunaufhaltsam @claudioaroemer

Nun tappen viele in die Falle der Informationsüberflutung. Sie lassen sich von allen Seiten mit Informationen volldudeln, die nichts mit ihren Zielen und Träumen zu tun haben.

Die Realität ist, dass der Großteil dieser angeblich hilfreichen Informationen uns von unseren Zielen tatsächlich wegführt- und uns somit die Klarheit unserer Gedanken entzieht.

Das hat zur Folge, dass wir unglücklicher werden und somit eher dazu neigen, Produkte jeglicher Art zu kaufen, um uns ein besseres Lebensgefühl temporär zu verschaffen. Viele nennen es aggressives Marketing der Unternehmen, ich bezeichne es als überflüssige Informationen, die niemand braucht, der unaufhaltsam werden möchte.

Die vorrangigen Störfaktoren sind unser Smartphone und die verschiedenen Social Media Plattformen. Sie nehmen uns komplett den Fokus. Sie nehmen uns unsere Produktivität sowie die Klarheit in unseren Ambitionen.

Es ist tatsächlich so, dass jeder von uns herausragend auf einem Gebiet seiner Leidenschaft werden kann, wenn er es schafft in den Zustand des tiefen Fokus zu kommen.

Tiefgründiger Fokus, jeden Tag. Ein solcher Fokus erfordert lange-, ungestörte Arbeitsphasen, die darauf abzielen, in den wichtigsten Aktivitäten, die uns zum Ziel führen, besser zu werden. Doch wie finden wir nun die wichtigsten Aktivitäten, die uns am schnellsten und sichersten zum gesetzten Ziel führen? Die uns analog dazu, alle überflüssigen Informationen, die täglich auf uns einwirken, eliminieren lassen?

Die Antwort lautet: „Das Pareto Prinzip", oder in der gängigeren Form: „Die 80/20-Regel".

Dieses Gesetz wird von vielen hochgepriesen, die möglichst effizient und zügig an ihr gewünschtes Ziel kommen möchten und das nicht ohne Grund: Pareto 80/20 ist der Game Changer in einer Welt, in der es nur noch die wenigsten schaffen, erstens ihre Ziele klar zu definieren, zweitens groß zu denken und drittens ihre Visionen und Träume, Realität werden zu lassen.

Pareto 80/20 besagt, dass du mit 20% Aufwand, 80% des endgültigen Ergebnisses erzielen wirst. Hierbei müssen wir klar definieren, dass es sich bei den 20% um die wichtigsten 20% der erforderlichen Aktivitäten handelt. Stell dir vor, du meldest dich in einem Fitnessstudio an und bist hochmotiviert deinen Traumkörper aufzubauen. Nun wirst du sehr schnell von all den verschiedenen Trainingsphilosophien, Übungen, Geräten, Supplements und der unterschiedlichen Meinung der einzelnen Studiogänger überrumpelt.

Unter all diesen Informationen sind nur 20%, die dich wirklich voranbringen und zu deinen Zielen führen. Im Umkehrschluss sind 80% der Informationen so unbedeutend, dass sie dir nur 20% deines gewünschten Ergebnisses bringen. Das heißt, du würdest sehr viel Energie in etwas stecken, wodurch du nur minimale Ergebnisse erzielst. Was für eine Zeitverschwendung, sich mit diesen unproduktiven Aktivitäten zu beschäftigen.
Wir haben keine Zeit zu verschenken. Unsere Zeit auf dieser Erde ist begrenzt und somit müssen wir dafür Sorge tragen, dass wir sie bestmöglich für unsere Vorstellung eines idealen Lebens, investieren.

Zurück zu dem Beispiel mit deinem Traumkörper. Wie viele Leute trainieren fleißig und sehen so aus, als ob sie noch nie eine Hantel in der Hand gehabt hätten?

Richtig, der Großteil der Studiogänger. Es liegt daran, dass nur die Wenigsten sich auf die Grundlagen konzentrieren. Die Grundlagen stellen in der Pareto Regel, die 20 % dar.

Die Grundlagen für einen natural maximal muskulösen Körper sind: schwere Gründungen an der Lang- sowie Kurzhantel, mit dem Fokus auf Progression in den verwendeten Gewichten. Das nennt man Progressive Overload und ist die wichtigste aller Regeln in der Entwicklung deines Körpers.

Diese Grundübungen sollten wir im Wiederholungsbereich 4-6 absolvieren und sobald wir die 6 Wiederholungen mit einem bestimmten Gewicht schaffen, das Gewicht erhöhen, sodass wir wieder die 4 Wiederholungen schaffen.

Somit überlassen wir nichts dem Zufall. Wir planen genau unseren Weg mit den 20%, die uns die gewünschten Ergebnisse liefern. Bestseller Autor Mike Matthews hat hierzu das herausragende Buch: „Bigger, Leaner, Stronger - The simple science of achieving the ultimate male body", geschrieben.

Ich habe auf Instagram von euch oft die Frage bekommen, wie man die 20% aus all den möglichen Aktivitäten herausfiltern kann. Die klare Antwort hierzu ist: Wissen ist potentielle Macht. Angewandtes Wissen ist Macht. Du musst dir Wissen auf deinem Gebiet aneignen.

Am besten so viel, wie kaum ein anderer. Greife dazu auf wissenschaftliche Erkenntnisse zurück, welche hoch seriöse Studienergebnisse liefern. Das bedarf natürlich Zeit und intensiven Fokus, es wird sich dennoch lohnen. Das ist auch einer der Gründe, warum wir uns auf möglichst wenige Dinge gleichzeitig konzentrieren- und den Mythos Multitasking schnellstmöglich vergessen sollten.

Kapitel 13

Fokussiere dich auf Leistungssteigerung und Progression

Ich habe vor einigen Tagen ein Video für euch auf YouTube hochgeladen, in welchem ich meine Erkenntnis über die Wichtigkeit von Progression beschrieben habe. Die Differenz zwischen deinem aktuellen Status quo und deinem Wunschziel, ist deine erbrachte Leistung. Du bist da, wo du bist, basierend auf der Leistung, die du erbracht hast und aktuell erbringt.

Zurück zum Beispiel mit deinem Traumkörper: du siehst so aus, wie du aktuell aussiehst, weil deine Kraftwerte in den wichtigsten Grundübungen ein bestimmtes Level haben.

Willst du muskulöser werden, musst du höhere Gewichte heben, beugen, ziehen und drücken.

Ich weiß genau, dass der einzige Weg zu signifikant höherer Muskelmasse für mich über die Leistungssteigerung in den 20% der wichtigsten Übungen ist. Und diese sind schwere Grundübungen. Kniebeugen, Kreuzheben, Bankdrücken, Überkopfdrücken.
Dieses Beispiel ist Wachstum in seiner reinsten Form: jedes Training wird die bestmögliche Leistung abgerufen, um besser zu werden. Werden wir besser in unseren Leistungen, wird uns unser Körper mit höherer Muskelmasse belohnen. Höhere Muskelmasse ist in diesem Beispiel unser angestrebtes Ziel.

„Die Differenz zwischen deinem aktuellen Status quo und deinem Wunschziel ist deine erbrachte Leistung."
#werdeunaufhaltsam @claudioaroemer

Genauso verhält es sich idealerweise mit allen anderen Bereichen unseres Lebens. Wir müssen uns im Klaren darüber werden, dass wir die Realisierung unserer ambitioniertesten Wünsche selber in der Hand haben. Genau an dieser Stelle begegnen wir einem Paradoxon: die Realisierung unserer Wünsche ist simpel, aber nicht einfach.

Simpel deswegen, weil wir einfach nur unsere erbrachten Leistung steigern müssen in den wichtigsten Aktivitäten. Ohne uns über jegliche überdosierten- und unnützen Informationen den ganzen Tag Gedanken machen zu müssen. Es ist allerdings nicht einfach, weil Progression in den grundlegenden Dingen in der Praxis, klaren Fokus-, harte Arbeit- sowie hohe Konzentration von uns abverlangt.

Wer nicht den puren Willen hierfür aufbringt, wird verlieren. Es sind die Menschen, die bei den ersten größeren Hindernissen aufgeben und sich lieber wieder von unnützen Informationen den ganzen Tag lang überfluten lassen. Aber nicht du. Du bist hungrig. Du bist erfolgsorientiert. Du brennst, bist fokussiert und hast ein hohes Konzentrationsvermögen. Du bringst alles mit, was du für diese erforderliche Progression brauchst. Du bist auf dem Weg, unaufhaltbar zu werden.

Vielen sagen, das Leben sei ungerecht. Ich sage: „was ist das für eine überflüssige- und unproduktive Aussage?“. Wem nützt so eine Aussage auf seiner Mission, ein Meisterwerk aus seinem eigenen Leben zu machen? Niemandem. Es schwächt nur die Konzentrationsfähigkeit des Einzelnen und hier sind wir wieder beim Thema der unnützen Informationsüberflutung.

Fakt ist, dass wir alle gesegnet wurden. Erstens, weil wir auf dieser Welt sein dürfen und zweitens, weil wir in der westlichen Welt geboren worden sind, in der wir schier unglaubliche Möglichkeiten haben.

Du hast alles selber in deiner eigenen Hand. Im Kontext dieses Buches ist das Leben fair gestaltet: jeder bekommt das, was er verdient. Wer höhere Leistung bringt, wird auch mehr erreichen. Die Wahrheit ist, dass es den Markt nicht interessiert, wie du dich fühlst. Bringst du deiner Zielgruppe hohen Wert, wird sie dich mit positiven Rückmeldungen- und Aufmerksamkeit belohnen. Ein fantastischer Taktgeber dieser Tatsache ist Gary Vaynerchuk, welcher so unglaublich viel Wert an seine Zielgruppe weitergibt, dass er aktuell einer der am schnellsten wachsenden Accounts seiner Nische auf Instagram, YouTube und Facebook ist. Gary ist unaufhaltsam.

Du wirst es ab heute ebenfalls sein, weil du dich von nichts und niemandem mehr von deiner Vision ablenken lässt.

Kapitel 14

Was du nicht misst, kannst du nicht kontrollieren

Viele gehen immer und ständig den Weg des geringsten Widerstandes. Alles, was mit erhöhter Anstrengung zu tun hat, wird konsequent vermieden, um schön in der warmen-, flauschigen Komfortzone zu bleiben.

So verheerend dieser Zustand für unsere Entwicklung auch ist, er ist bei vielen unterbewusst tief neurologisch verankert. Ein Grund dafür ist die Überflussgesellschaft 2018 sowie die medialen Märchen von Burnouts am Arbeitsplatz durch „zu viel Arbeit".

Wir müssen den genau entgegengesetzten Weg gehen: raus aus der Komfortzone, rein in bedingungsloses Streben nach unseren Zielen und Visionen.

Der wahre Grund für Burnouts ist, dass die betroffenen Personen nicht das tun, was sie lieben. Sie haben keine Ambitionen ihre Fähigkeiten an ihrem Arbeitsplatz zu verbessern, weil es nicht ihre Leidenschaft ist.

Es ist in den meisten Fällen eher das Resultat aufgegebener Träume, welche in den Deckmantel „Ich muss Geld verdienen" eingepackt werden. Somit wird eines der wichtigsten menschlichen Bedürfnisse unterdrückt: das Bedürfnis nach Selbstentfaltung und Wachstum. Hierbei ist es lohnenswert zu erwähnen, dass wir unseren Weg planen müssen.

Obwohl uns Mutter Natur mit einem fabelhaften Instinkt ausgestattet hat, reicht dieser alleine nicht aus, um wirklich die Kontrolle über unsere Fortschritte im Auge zu behalten.

Der auf mich einflussreichste Mentor, Jim Rohn, hat einmal gesagt: „Wer darin versagt zu planen, plant zu versagen“.

Was für ein mächtiges Statement eines großen Mannes. Wir sollten uns dieses Statement mal genauer ansehen: wer es also nicht schafft, seine nächsten Schritte zu planen, der wird zwangsläufig dahin kommen, wo er eigentlich nicht hinmöchte.

Zur Planung unserer unmittelbar nächsten Schritte zur Realisierung unserer Träume, gehört definitiv erst einmal zu wissen, wo man aktuell steht. Unser Instinkt hat zwar das Potential uns diesen Status quo zu signalisieren, allerdings kann dieser Eindruck, durch unsere subjektive Wahrnehmung verfälscht werden.

Wir müssen anfangen, unseren Weg genau zu planen. Jeden einzelnen Schritt. Wir müssen unsere Leistung und Progression messbar machen.

Anfang 2016 habe ich meine Leidenschaft für Bücher in der Rubrik der Erfolgspsychologie entdeckt. Als ich mich auf meinen bevorstehenden Bewerbungsprozess an der Hult International Business School für den Master of Science bewarb, suchte ich in meinem Amazon Prime Account nach inspirierenden englischen Büchern. *„Born for this – How to find the work you were meant to do"*, zu Deutsch: *„Wie Du den Job findest, für den du geboren wurdest"*, von Chris Guillebeau, faszinierte mich von der ersten Sekunde an.
Ohne zu zögern fügte ich das vielversprechende Buch meinem Warenkorb hinzu.

Drei Tage später klingelte es an meiner Haustür: „Paket für Sie", grinste mich der Kurier an, während er mir ein kleines Päckchen mit dem Amazon Emblem entgegenstreckte. Wie aufgeregt ich damals war. Ich kann mich noch ganz genau an diesen Moment erinnern.

Ich hatte in dem Moment, als ich das Packet öffnete, Gänsehaut und die Endorphine sprudelten förmlich bis an die Oberfläche meiner Haut.

Damals hatte ich das Gefühl, dass ich ein schneller Leser sei. Schließlich hatte ich meinen ersten akademischen Grad, den des B. Sc. in Technischem Management und Marketing gerade mit einer 1,0 in meiner Bachelor Arbeit abgeschlossen. Es hatte 4 intensive Jahre Studium gedauert, bis ich mich B. Sc. nennen durfte.

Durch dieses Erfolgserlebnis suggerierte mir mein Unterbewusstsein, dass ich ein schneller Leser sein müsse. Mein Instinkt suggerierte mir ebenfalls, dass ich schneller als der durchschnittliche Leser, ganze Bücher durcharbeiten könne.

Schnelligkeit ist nicht alles!!

„Ring-Ring!“, die Stoppuhr meines IPhones blieb stehen und ich zählte die Anzahl der Wörter, welche ich in einer Minute geschafft hatte, intensiv zu lesen. „235..236..237 Wörter.“ „Klasse!“, Sagte ich energisch und ging mit dem Finger über eine Tabelle, welche die WpM „Words per Minute“ („Wörter pro Minute“) in einzelne Leistungsstufen unterteilte.

In dem Moment, als ich feststellte, dass ich einfach nur purer Durchschnitt war, wurde mir bewusst, dass ich mit meiner Einschätzung über meine eigene Leistung völlig daneben lag. Ich habe sie weit höher eingeschätzt, als sie tatsächlich war. „Was für eine wichtige Erkenntnis...“, murmelte ich, während ich über dieses Erlebnis noch einige Momente nachwirkend nachdachte.

Heute, gut zwei Jahre später, liegt meine Lesegeschwindigkeit von deutschsprachigen Texten bei rund 600 Wörtern pro Minute.

Ich habe mich somit um ein Vielfaches gesteigert. Wie ist diese Steigerung zu Stande gekommen? Ich habe zuerst angefangen alles über „Speed Reading“ von den führenden Leseexperten zu lernen, was es in der Theorie zu lernen gab und es anschließend in der Praxis, meinem Geschmack nach modelliert. Mit der Zeit wurde meine Geschwindigkeit immer rasanter, was ich anhand der wöchentlichen Messungen der WpM sauber dokumentiert hatte.

Aus dieser Erfahrung heraus weiß ich, dass wir auf unserem Weg alles, wirklich alles, messen sollten. Es vereinfacht nicht nur den gesamten Prozess, es gibt uns darüber hinaus jederzeit klare Auskunft über unsere Entwicklung. Unser Instinkt ist mächtig und wichtig, aber nicht ausreichend für die Realisierung unserer Ziele. Wir schätzen unsere eigene Leistung subjektiv zu hoch ein, ohne die Kontrolle über die tatsächlich erbrachte Leistung zu haben.

Daraus ergibt sich die folgende Gleichung:

messerscharfer Instinkt + knallharte Kontrolle

=

eine mächtige DNA-Struktur deines Erfolges.

„Miss alles, was sich messen lässt, und mach alles messbar, was sich nicht messen lässt." –Archimedes

#werdeunaufhaltsam @claudioaroemer

Kapitel 15

Werde so gut, dass sie dich nicht mehr ignorieren können

Es gibt Menschen, die meinen allen um ihnen herum ständig erzählen zu müssen, was sie alles wann tun werden. In der Hoffnung nach permanenter Aufmerksamkeit nerven sie im Endeffekt den Großteil der Menschen und kommen nicht ins tatsächliche Handeln, weil sie zu beschäftigt mit dem Erzählen sind. Sie haben nicht verstanden, dass Menschen Resultate bewundern und keine leeren Worte.

„Resultat", was für ein faszinierendes Wort. Es ist genau der Kernpunkt dieses Kapitels.

Den Markt, also unsere Zielgruppe, interessiert fast ausschließlich die von uns erbrachte Leistung.

Sieh dir meinen Instagram Account an. In der Qualität des Contents liegen zwischen Januar 2018 und dem heutigen Tage, Welten. Dementsprechend sind auch die Resonanz sowie die Aufmerksamkeit in der Zielgruppe weit gestiegen. Durch die klare Vision, das Verlangen sowie die ständige Verbesserung meiner Fähigkeiten, ist der Mehrwert für die Follower gestiegen und somit auch die Reichweite der Beiträge.

Damals bekam ich etwa 1-2 DMS alle zwei Tage von euch. Heute sind es 80-100 Nachrichten mit Erfolgsmeldungen und spezifischen Fragen zu bestimmten Videos.

Diese Entwicklung war nur möglich, weil ich mir im Januar genau überlegt habe, welche Fähigkeiten ich verbessern muss, um Menschen den höchstmöglichen Mehrwert zu geben. Es stellte sich heraus, dass es tatsächlich wenige Fähigkeiten waren, auf die ich mich konzentrieren sollte und die ich zu meistern hatte. Bis heute arbeite ich an ihnen, jeden Tag.

Hier sind wir wieder bei Pareto 80/20: viele versuchen alle möglichen Fähigkeiten zu erlernen und zu perfektionieren, was schlicht und ergreifend nicht möglich ist. Diejenigen, die sich auf sehr wenige Dinge fokussieren, werden immer besser sein, als jene, welche alles versuchen zu meistern. Die Betonung liegt hierbei ganz bewusst auf „versuchen".

Kurz vor dem Abschluss meines ersten akademischen Grades des B. Sc. in Technischem Management und Marketing vor einigen Jahren, hatte ich ein interessantes Gespräch mit meinem Professor. Wir unterhielten uns bei einem Kaffee an einem heißen Sommertag auf dem Campus über die SWOT Stärken/Schwächen Analyse auf Unternehmensbasis.

„SWOT ist definitiv ein spannendes Instrument für die aktuelle Positionsbestimmung eines Unternehmens im Markt, allerdings wird sie in unserer Leadership Vorlesung falsch auf den Menschen interpretiert, in meinen Augen."

Mein Professor weitete die Augen und schmunzelte. Er hatte mich nie anders kennengelernt. Ich war seit Anbeginn des Studiums oft gegen den Strom geschwommen, weil ich fasziniert von den Diskussionsrunden innerhalb der Vorlesungen an der Hochschule war.

„Herr Römer, das klingt spannend, dann erläutern Sie mir bitte Ihre Sicht auf den Sachverhalt."

„Wir sollten uns auf unsere Stärken besinnen und diese bis zur Perfektion verbessern. Unsere Schwächen sollten wir hingegen anerkennen, aber nicht weiter berücksichtigen.

Wenn wir versuchen auf Persönlichkeitsebene ein ausgeglichenes Portfolio an Fähigkeiten aufzubauen, werden wir einfach nur gut werden. Besser ist allerdings der Feind von gut. Zur Elite auf unserem Gebiet werden wir durch den Fokus auf unsere Stärken und die kontinuierliche-, tägliche Verbesserung dieser.

Die Zielsetzung muss hier auf die wichtigsten Fähigkeiten innerhalb unserer Stärken gelegt werden, welche 80% des Gesamtergebnisses ausmachen.

In Japan gibt es eine mächtige Methode auf Unternehmensebene, von der ich sehr angetan bin: *Kaizen*. Die Japaner haben so harmonisch ineinanderlaufende Organisationsprozesse, welche jeden Tag ein bisschen verbessert werden. Somit heben sie ihr Level Tag für Tag an. Dieses Mindset ist mächtig, vermag es uns doch in ungeahnte Höhen aufsteigen zu lassen."

Mein Professor schlürfte seinen Kaffee Crema und ließ meine Sätze einige Augenblicke lang unkommentiert. Als er die Tasse absetzte, sah er mir in die Augen und sagte: „Wir sollten nach Ihrem Studium weiter in Kontakt bleiben, Sie haben interessante Ansätze und ich habe selten an dieser Hochschule einen so jungen Studenten gesehen, der sich traut seine differenzierte Meinung vor einem seiner Professoren in einer so euphorischen Art und Weise zu kommunizieren."

Seine Worte waren für mich wie eine Sinfonie.

Ich hatte zugegebenermaßen sogar etwas Gänsehaut an jenem warmen Sommertag.

Um einer der Besten zu werden, musst du teilweise gegen den Strom schwimmen. Du musst die Dinge anders machen, als der Großteil der dich umgebenen Menschen.

Denk daran, dass viele davon in der Durchschnittlichkeit enden werden und dich somit mit reinziehen, wenn du zu viel Zeit mit ihnen verbringst. Suche dir an deiner Schule, Uni, Arbeitsplatz und überall, wo du dich aufhältst, bewusst Menschen mit einem hohen Leistungsanspruch aus.

Umgib dich mit ihnen, lerne von ihnen und lass dich inspirieren. Es werden nicht die typischen „Normalos“ sein, viel eher wird sich ihre Persönlichkeit durch Disziplin und großes Denken charakterisieren.

„Geh dahin, wo die Erwartungen an dich hoch sind. Du wirst in einem Maße wachsen, was du zuvor nicht für möglich gehalten hättest."

#werdeunaufhaltsam @claudioaroemer

Kapitel 16

Das unschlagbare Growth Mindset

Wer mir auf Instagram und YouTube aktiv folgt, der weiß, dass ich ein starker Befürworter des Growth Mindsets nach Dr. Carol Dweck bin. Dieses Mindset zieht sich durch nahezu alle Bereiche meines Lebens.

Nicht ohne Grund, denn seitdem ich über diese mächtige Methodik das erste Mal las, war ich fasziniert. Fasziniert von der Simplizität in der Umsetzung und dem Potential der drastischen Leistungssteigerung in unseren täglichen Aktivitäten.

Dr. Carol Dweck ist die Autorin des renommierten Meisterwerkes: „Mindset - The New Psychology of Success“, welches die Entwicklung unzähliger Menschen auf das nächste Level hob.

Auf mich haben die wissenschaftlich fundierten Erkenntnisse der Erfolgspsychologie bis heute großen Einfluss.
Durch das Unterrichten der besten Studenten dieser Welt, zunächst an der Harvard- und später an der Stanfort Universität, hat sie eine wichtige Entdeckung gemacht.
Diese basierte auf dem Mythos Talent. Schon von Anbeginn der Menschheit waren wir von Talent und dem damit einhergehenden Unantastbaren und schier Unerreichbaren fasziniert.

Auf genau dieser Wurzel menschlicher Faszination baut die mediale Landschaft ihre Kommunikation auf. Von allen Seiten wird von Talenten gesprochen. Besonders deutlich wird dieses Phänomen im Sport.

Wie oft habe ich in den letzten Jahren im Fußball von „Jahrhunderttalenten“ gelesen, die dann im Endeffekt weit unter ihren Vorschusslorbeeren blieben?

Wie kann es sein, dass ein und derselbe Spieler weltklasse Leistungen über eine Saison erbracht hat und in der nachfolgenden Saison nicht auch nur ansatzweise an diese Leistung anknüpfen kann?
Es ist ganz einfach: weil das Thema Talent signifikant zu hoch eingeschätzt wird.
Es gibt Menschen, die bestimmte Aktivitäten schneller- und besser lernen, als andere und somit deutlich höhere Leistungen bringen. Allerdings sind diese „Wunderkinder“ weitaus seltener anzutreffen, als wir annehmen.

Laut Dr. Dweck ist es viel entscheidender, daran zu glauben, dass wir uns verbessern können und somit ständig kontinuierliche Schritte nach vorne machen, um unsere Fähigkeiten zu meistern.

In Japan nennt man diese hocheffiziente Methode „*Kaizen*“, wir nennen sie „Grundpfeiler“, um unaufhaltsam zu werden.
Hierbei wird zwischen dem Growth- und dem Fixed Mindset unterschieden. Das Growth Mindset zeichnet Gewinner aus, das Fixed Mindset zeichnet Verlierer aus.

Menschen mit dem Growth Mindset, glauben daran, dass es kein Versagen gibt, sondern nur Erfolg und Lehrstunde. Sie wissen, dass sie alles lernen können, was sie möchten und lassen sich vom Erfolg anderer Menschen inspirieren. Darüber hinaus lieben sie Herausforderungen und sie wissen, dass ihr Fleiß sowie ihre Glaubenssätze primär ihre Fähigkeiten bestimmen.

Ein wichtiger Bestandteil dieser Philosophie ist die Einstellung zum Feedback von anderen Menschen. Während wir in den vorherigen Kapiteln erläutert haben, warum uns negatives Feedback anderer, welche keine Leistung bringen, nicht tangieren sollte, werden wir hier die Vorteile von konstruktivem Feedback kurz erläutern.

Um so gut in unseren Fähigkeiten zu werden, dass uns der Markt nicht mehr ignorieren kann, müssen wir uns schrittweise verbessern. Kontinuierliches Wachstum basiert auf hocheffektiven Aktionen, welche wiederum auf den richtigen Entscheidungen basieren. Somit beginnt jeder Prozess mit einer Entscheidung.

Um die richtigen Entscheidungen kontinuierlich treffen zu können, brauchen wir ein leistungsstarkes Umfeld aus erfolgreichen Menschen, die uns gewinnen sehen wollen. Wie wir uns ein solches Umfeld idealtypisch aufbauen, besprechen wir später im Buch.

Zunächst ist wichtig zu verstehen, das konstruktives Feedback von den richtigen Personen wichtig ist. Es hält uns nicht nur auf der richtigen Route Richtung unserer Ziele, es gibt uns Ansatzpunkte kontinuierlicher Verbesserungen in unserem Stärkenportfolio.

„Konstruktives-, kontinuierliches Feedback von erfolgreichen-, leistungsstarken Menschen ist wichtig, um unser Stärkenportfolio sukzessive zu verbessern und somit schneller an unser Ziel zu kommen."

#werdeunaufhaltsam @claudioaroemer

Kapitel 17

Habe Verlangen, Leidenschaft und sei beharrlich

Vor circa 3 Jahren hielt ich ein besonderes Buch in der Hand. Es war außergewöhnlich klein, hatte gerade einmal ein paar duzend Seiten und das Cover war in einem kräftigen Rot getränkt. Auf dem Cover selber, war eine Leiter abgebildet, welche den Weg des Lesers zum Erfolg symbolisch darstellen sollte.

„Denke nach und Werde Reich - Die Erfolgsgesetze" las ich amüsiert, während ich immer noch über die mickrige Größe des Buches verblüfft war.

Der Autor ist kein Unbekannter, es ist Napoleon Hill. Hill hat über 20 Jahre seines Lebens investiert, um hunderte von Erfolgreichen und reichen Menschen zu interviewen.
Die Erkenntnisse daraus hat er in seinem Meisterwerk unter dem Deckmantel „Erfolgsgesetze" zusammengefasst.

Wie ich später erfuhr hielt ich an jenem Tag nicht das Original von 1937 in den Händen, sondern eine kurze Zusammenfassung seiner wichtigsten ermittelten Gesetze.
Eine halbe Stunde später hatte ich das Buch bereits durchgelesen und ich war inspiriert. Inspiriert, mir die Originalausgabe direkt zu holen.

Eine Woche später hatte ich dann auch diese Ausgabe durch. Sie hatte weitaus mehr Seiten, als das kleine rote und dennoch gab mir das rote Buch einen sehr fundierten Überblick seiner Gesetze.

Unter den verschiedenen Gesetzen habe ich die drei, in meinen Augen Wichtigsten, herausgefiltert und wende sie bis heute auf täglicher Basis an. Lasst uns keine Zeit verlieren und sofort mit dem ersten anfangen.

Gesetz Nr. 1: Verlangen

Wie wir in den Kapiteln zuvor immer wieder gesehen haben, fehlt es den meisten Menschen an echtem Verlangen. Sie geben sich mit wenig zufrieden und fühlen sich wohl in ihrer Komfortzone. Sie wissen wahrscheinlich, dass sie ein signifikant höheres Leitungsportfolio erreichen könnten, wollen allerdings nicht die dafür notwendige Arbeit hineinstecken.

Sie erledigen Dienst nach Vorschrift, nicht mehr und nicht weniger.

Das ist auch in Ordnung für Menschen, die nur ein durchschnittliches Leben haben wollen und sich danach sehnen, den Weg des geringsten Widerstandes zu gehen.

Aber das trifft nicht auf uns zu. Wir wollen am Ende unseres Lebens sagen, dass wir alles gegeben haben, ständig nach Herausforderungen gesucht- und diese bewältigt haben, um zu wachsen.

Wir wollen attestieren, dass wir ein Leben lang gewachsen sind. Dieses kontinuierliche- und lebenslange Wachstum, welches der aktuell erfolgreichste Persönlichkeitscoach der Welt, Anthony Robbins, als den Schlüssel zur maximalen Erfüllung sieht, ist das, was wir anstreben.

Kontinuierliches-, lebenslanges Wachstum hat als Motor des Antriebs, ein wichtiges Gesetz: *Verlangen*.

Wir müssen ein tiefes Verlangen innerlich aufbauen, ein bestimmtes Ergebnis, ein spezifisches Ziel oder eine Zukunftsvision zu realisieren. Mit Hilfe der NAC-Methode sind wir in der Lage, dieses Verlangen binnen weniger Wimpernschläge zu erzeugen.

Es funktioniert genauso wie in Kapitel 8 beschrieben: wir verbinden innerlichen Schmerz mit dem Nichterreichen des gewünschten Zieles.
Analog verknüpfen wir tiefgreifende Freude mit der Realisierung unserer Pläne.

Hast du tiefes Verlangen einmal aufgebaut und tief neuroassoziativ konditioniert, wird dich nichts mehr aufhalten können. Das Gefühl des Verlangens wird dich wie ein Motor durch den Dschungel möglicher Fehlentscheidung führen und dich genau dahinziehen, wo du dich sehnst anzukommen.

Gesetz Nr. 2: Leidenschaft

Jemand, der fest entschlossen ist, ein spezifisches Ziel zu erreichen, ist bereits unaufhaltsam. Wenn diese Person jetzt noch das 2. Gesetz beachtet, wird sie für die Konkurrenz fast unmöglich zu greifen sein: *Leidenschaft.*

Es gibt einen ganz bestimmten Grund, warum ich oft über die Wichtigkeit von Leidenschaft spreche und darüber, warum du deine Leidenschaft finden solltest.

San Francisco, Kalifornien an einem Spätsommer Abend: der Gründer der Growth Academy X, Sean Sheppart marschierte entschlossen auf das gewaltige Podium im Nasdaq Entrepreneurial Center in der Schnittstelle der Stadtteile Financial District und South of Market.

„Wenn Sie gegen jemanden versuchen anzutreten im Wettbewerb, der seine Leidenschaft lebt, sie die Aktivität allerdings nur wegen dem Ergebnis machen, dann glauben Sie mir, werden Sie verlieren.“

So fing Sheppart seine Rede an. Ich war beeindruckt von dem überzeugenden Klang seiner Stimme. Tief, euphorisch und kräftig nahm sie den Saal ein. Seit diesem Tag verstand ich die Wichtigkeit, die eigene Leidenschaft zu leben.

Stell dir vor, du arbeitest in einem Job, der dich überhaupt nicht erfüllt, um Geld zu verdienen, 5 Mal die Woche für die nächsten 40 Jahre. Wie würdest du dich nach diesen 40 Jahren fühlen?

Arbeite, um Geld zu verdienen, aber finde nebenbei heraus, was wirklich deine Leidenschaft ist und baue dir um deine Leidenschaft herum ein Unternehmen auf.

Sobald dein Unternehmen stark genug ist, kannst du endlich den Job kündigen, den du nur machst, um Einkommen zu generieren, wenn dir dann noch danach ist. Nicht vorher. Du hast Verpflichtungen und der Job ist deine Einkommensquelle. Außerdem kannst du die Einnahmen in dein Unternehmen reinvestieren. Es lohnt sich also aus vielen Blickwinkeln heraus zunächst dein Unternehmen als *„Side Hustle“* aufzubauen.

Von Bestseller Autor Robert T. Kiyosaki habe ich einst gelernt, dass Leidenschaft = Liebe + Zorn ist. Auf der einen Seite liebst du, was du tust. Auf der anderen Seite, hast du tiefes Verlangen besser in dieser Aktivität zu werden.

„Du wirst niemals gegen jemanden mit Leidenschaft gewinnen, wenn du den Job nur wegen des Ergebnisses machst.“

#werdeunaufhaltsam @claudioaroemer

Gesetz Nr. 3: Beharrlichkeit

Wenn man sich die Erfolgsgeschichten der erfolgreichsten Menschen dieser Welt ansieht, stellt man schnell eine Gemeinsamkeit fest: sie alle haben geglänzt durch Beharrlichkeit. Es ist bei weitem nicht so, dass sie schon immer- und von Anfang an erfolgreich waren. Ganz im Gegenteil.

Jeff Bezos, der Gründer von Amazon, wurde vor über 20 Jahren in den jungen Anfängen vom Online Handel von seinen Kollegen auf der Wall Street belächelt, als er seine große Vision eines Online Shops euphorisch äußerste.

Heute ist Bezos der reichste Mensch dieses Planeten, mit einem geschätzten Vermögen von ca. 145 Mrd. US-Dollar. Sein Unternehmen Amazon hat einen aktuellen Marktwert von 765 Milliarden US-Dollar.

Was war passiert? Bezos hatte eine große Vision, das Verlangen diese zu realisieren und war beharrlich. Beharrlichkeit zahlt sich aus. Diese Erkenntnis geht konform mit einer Studie der Harvard Business School, in welcher untersucht wurde, was die erfolgreichsten Absolventen der Elite Universität auszeichnet. Es ist Beharrlichkeit. Sich nicht von seinem Weg abbringen lassen. Sein Ding durchziehen, mit allem, was man hat.

All in und keine halben Sachen. Du lässt dich nicht verunsichern von anderen, die nicht an dich-, oder deinen Weg glauben.

Solange du für dich innerlich fühlst, dass es das Richtige ist, machst du genau so weiter, immer mit dem Endergebnis vor Augen. Mit Klarheit, der vollen Gewissheit und dem puren Selbstvertrauen gehst du deinen Weg.

Du bleibst beharrlich und konzentrierst dich auf Progression in deinen täglich zu erbringenden Leistungen. Habe auf diesem Weg Geduld und sei dir bewusst, dass solange du dich in deiner Leistung steigerst, du eines Tages genau das erreichen wirst, was du dir vorgenommen hast.

Viele geben bei den ersten Rückschlägen auf, oder lassen sich von negativem Feedback entmutigen und verunsichern. Denk immer an die Erfolgsgeschichte von Jeff Bezos, der sein Ding durchgezogen hat und durch kontinuierliche Progression ein Unternehmen aufgebaut hat, welches unglaublich beeindruckend ist.

Kapitel 18

Werde euphorisch darin, disziplinierte zu sein

An einem heißen Sommertag in diesem Jahr half ich in unserem Unternehmen den Handwerkern, eine unserer Immobilie zu renovieren. Seitdem ich klein war, sprang ich immer bei Renovierungsarbeiten ein, wenn Not am Mann war. Für gewöhnlich war die Arbeit handwerklich hoch anspruchsvoll und nicht zuletzt deswegen bewunderte ich unsere Mitarbeiter.

An jenem Tag übernahm ich die Reinigungsarbeiten auf dem Dachboden des Mehrfamilienhauses. Dieses Objekt war eines der ersten, die mein Vater in den 80er Jahren erwarb, sanierte und anschließend vermietete.

Das Besondere ist, dass jede der 8 Wohneinheiten ihren eigenen Eingang besitzt somit das Gefühl, in einem Eigenheim zu wohnen, geschaffen wird.

Generell vermieten wir immer so, dass wir uns selber in der jeweiligen Immobilie wohlfühlen würden. Genau diese Philosophie macht seit Jahren den Unterschied zu anderen Investoren im Immobiliensektor aus.

Meine Eltern predigten diese Philosophie meinen Geschwistern und mir seit klein auf und aus diesem Grund war ich stets abrufbereit, wenn ich im handwerklichen Bereich des Unternehmens gebraucht wurde.

An jenem Tag war es 35 Grad Celsius und ich reinigte den, vor einigen Jahren erst frisch verlegten Vinyl-Laminat Boden, mit einem Industriereiniger, dessen Geruch leicht ätzend war.

Wegen der ätzenden Wirkung bei Kontakt mit der Haut, trug ich Einweg-Gummihandschuhe, wie man sie aus jedem Haushalt kennt.

Auf dem Dachboden gab es kein Fenster. Darüber hinaus hatten wir oben eine Lampe stehen, welche man extra für Bauten entwickelt hatte: sie gab übermäßig viel Licht ab, sodass ich jede einzelne Verunreinigung auf dem Boden sah. Diese Lampe gab allerdings gleichzeitig eine Hitze ab, die man sich für eine Lampe kaum vorstellen konnte.

Kombiniert mit der Tatsache, dass es kein Fenster gab und dem Aspekt, dass die 35 Grad heiße Sonne auf das Dach schien, unter dessen ich direkt arbeitete, wurde mein Arbeitsplatz an jenem Tag zu einer Art tropischen Sauna.
Der Geruch des Industriereinigers dominierte die Luft da oben und obwohl ich mit Mundschutz ausgestattet war, drang der Geruch bis zu meiner Nase vor.

Die Arbeit war mühselig und dennoch war ich euphorisch. Euphorisch den neuen Mietern eine fantastische Immobilie demnächst zu übergeben, welche in einem top Zustand war. An dieser Stelle sollte ich erwähnen, dass wir immer frisch renoviert unsere Immobilien übergeben.
Sobald ein Mieter bei uns auszieht, geht unser Team in das Objekt und bringt die Immobilie wieder auf Vordermann. Natürlich machen das längst nicht alle Vermieter, weil es erstens kosten- und zeitintensiv ist und zweitens der Vermieter die Kosten selber trägt. Diese Kosten können nicht auf den zukünftigen Mieter übertragen werden.

Als ich am Abend völlig kaputt ins Bett fiel und am IPhone die Kommentare und privaten Nachrichten der Follower auf Instagram und YouTube beantwortete, fiel mir auf, das am heutigen Tag etwas Beeindruckendes passiert war: ich war euphorisch darin, diszipliniert das Ziel zu erreichen.

Vor Jahren hatte ich in „The Art of Exceptional Living“ von Jim Rohn, einem der größten Persönlichkeitstrainer aller Zeiten, etwas sehr Wichtiges für mein Leben in der Theorie gelernt, was ich an jenem Tag praktisch anwandte.

Jim erläuterte in seinem Meisterwerk, dass Disziplin, die für ihn wichtigste Eigenschaft zum Erfolg ist. Genauer gesagt sei es „unsere Einstellung“ zur Disziplin. Wir sollten Disziplin mit Freude assoziieren. Disziplin bringt uns in unseren täglichen Entscheidungen von A nach B. Wenn wir nun euphorisch darin sind, diszipliniert zu sein, werden wir gewinnen. Natürlich gilt das anvisierte Ziel hierbei als Motor unserer Motivation.

Wenn wir es allerdings schaffen, die erforderliche Disziplin als Motor der Motivation zu sehen und diese Motivation auch spüren, ist es nur eine Frage der Zeit, bis wir unsere Ziele realisieren.

Die Frage, ob wir unsere ambitionierten Visionen erreichen oder nicht, stellt sich nicht mehr. Es ist nur die Frage nach dem *„Wann“* und nicht mehr nach dem *„Ob“*.

Dieser Aspekt ist eines der Geheimnisse der ganz Großen. Gary Vaynerchuk betont immer wieder auf seinen Social Media Kanälen, dass er den Prozess liebt. Hiermit meint er, dass er die harte Arbeit dahinter liebt. Jene Arbeit, die hohe Disziplin und klare Entscheidungen voraussetzt. Die Art von harter Arbeit, die eine hohe Konzentrationsfähigkeit auf die wichtigsten Dinge erfordert. Eine Arbeitsmoral, in der es unerlässlich ist, den Prozess zu lieben und euphorisch darin zu werden, diszipliniert Fortschritte zu erzielen.

Kapitel 19

Durchbrich schlechte Gewohnheiten innerhalb eines Wimpernschlages

Hand aufs Herz, wie viele setzen sich zu Beginn eines jeden Jahres, in der Nacht vom 31.12 auf den 01.01 hohe Ziele? Ohne jeden Zweifel, die überwiegende Mehrheit der Menschen in der westlichen Welt. Doch wie viele werfen dann ihre guten Vorsätze innerhalb weniger Tage wieder über Bord? Du kannst dir sicher sein, beide Zahlen liegen eng beieinander.

Es gibt verschiedene Gründe, wieso Menschen ihre Ziele nach kurzer Zeit wieder über Bord werfen.

Besonders der Mangel an Disziplin korreliert stark mit dem Aufgeben. In einer westlichen Welt, in der wir alles zum Überleben haben, ohne uns anstrengen zu müssen, verlieren viele eine der wichtigsten Tugenden für herausragende Ergebnisse: Disziplin.

Wie im vorherigen Kapitel besprochen, ist Disziplin der maßgebliche Einflussfaktor auf unsere täglichen Entscheidungen. Da es täglich einen derartig hohen Einfluss auf uns ausübt, ist es von signifikanter Wichtigkeit, Disziplin in unserem Leben zu meistern.

Vor einigen Tagen hat mich eine zielstrebige junge Frau in einer privaten Nachricht auf Instagram gefragt, wie man schlechte Gewohnheiten loswird. Da ich diese Problemstellung als so weitläufig in unserer Gesellschaft ansehe, musste ich jene in diesem Buch thematisieren.

„Werde unaufhaltsam" besteht in seiner Grundform aus dem Implementieren produktiver Verhaltensmuster.
Produktive Verhaltensmuster entstehen aus guten-, uns nach vorne bringenden Gewohnheiten.

Schlechte Gewohnheiten hingegen, lassen uns auf der Stelle traben. Wir werden niemals unser eigenes Ding hocheffizient durchziehen können, wenn wir nicht unsere Gewohnheiten vollständig kontrollieren.

Gewohnheiten schleichen sich durch die Hintertür in unser Leben ein. Unauffällig nehmen Sie immer mehr Platz in unseren täglichen Entscheidungsprozessen ein und vertreiben sukzessive, hocheffiziente Verhaltensweisen wie Disziplin und Zielsetzung. Was war das Erste, was du heute morgen direkt nach dem Aufstehen gemacht hast?

Über 90% der Millennials (unsere Generation) verbringt die ersten 5-10 Minuten des Tages damit, Instagram, Facebook, YouTube oder WhatsApp zu checken. Dies ist ein reaktives Verhaltensmuster und kein aktives. Genau da liegt das Problem: zu einer Tageszeit, die aus der menschlichen Evolution heraus dazu prädestiniert ist, uns zu physischen- und kognitiven Höchstleitungen bringen, verschenken wir diese wertvolle Zeit des Tages mit einer unproduktiven Gewohnheit.

Wir haben Angst, etwas zu verpassen. Wir wollen wissen wie viele- und vor allem wer unsere Bilder, oder Videos geliked hat. Auf der ständigen Suche nach der Anerkennung anderer, verlieren wir unsere Ziele aus den Augen.

Ohne dass wir es merken, schleicht sich die Gewohnheit des ständigen Social Media „checkens“ in unseren Alltag ein und lässt uns auf lange Sicht verlieren.

Wir verlieren uns selber. Natürlich ist positives Feedback anderer Menschen etwas Schönes, dennoch darf es niemals in unseren Fokuspunkt geraten. Menschen mit einem niedrigen Selbstwertgefühl, streben ständig nach externer Anerkennung, weil es für sie wichtig ist, von anderen das Gefühl der Wertschätzung zu erlangen, da sie selbst keine Wertschätzung für sich haben.

Wer wirklich unaufhaltsam ist, den interessiert die Meinung anderer um ihn herum nur peripher. Alles was ihn primär interessiert ist das Ziel, der Prozess und die Leistungssteigerung. Mit anderen Worten, er ist fest entschlossen, sein Ziel zu realisieren, koste es, was es wolle. Das ist das Mindset eines Champions.

Es gibt keine Ablenkungen, keine Aufschiebungen, keine Ausreden, keine Ängste und vor allem interessiert ihn das Feedback anderer, wenn überhaupt, nur hinsichtlich seiner Progression.

Dieses Mindset ist so kraftvoll, dass es von alleine hocheffektive Verhaltensmuster in unseren Alltag zieht.
Es fungiert wie ein riesiger Magnet, der alles anzieht, was zur Realisierung des Zieles von Nöten ist. Schlechte Gewohnheiten haben hierbei keinen Platz.
Wenn man allerdings dieses Mindset erst noch entwickeln muss und sich bereits destruktive Verhaltensweisen in den eigenen Alltag eingeschlichen haben, können wir jene, mit einer uns bereits bekannten Technik aus dem NLP, innerhalb eines Wimpernschlages verbannen.

Wieder nutzen wir die von Anthony Robbins entwickelte NAC-Methode: wir visualisieren zunächst unser Ziel und die dafür notwendigen Verhaltensmuster.

Danach machen wir uns klar, dass wir mit den zu verbannenden Aktivitäten niemals an unser Ziel kommen, denn sie stehen uns im Weg.

Verbinde innerlichen Schmerz mit der weiteren Ausführung dieser Aktivitäten. Werde dir bewusst darüber, dass du nur einmal lebst und deine Zeit abläuft. Mit jedem weiteren Tag, hast du einen Tag weniger zum Leben auf diesem Planeten. Du musst diesen tiefen Schmerz mit all den destruktiven Verhaltensmustern assoziieren, die du schleunigst loswerden willst.

Nun fokussiere dich wieder auf dein Ziel: wie sieht es aus? Wie fühlt es sich an? Verbinde all die aufkommenden positiven Emotionen mit der Realisierung des Zieles. Welche Dinge musst du täglich tun, um dieses Ziel mit aller Wahrscheinlichkeit zu erreichen?

Was musst du an Leistung bringen? Wie kannst du die zu erbringende Progression messen? Verbinde nun massive Freude mit dem Erreichen deines definierten Zieles. Spüre, wie die Freude sich durch deinen ganzen Körper zieht.

Wiederhole diese Prozedur drei Mal hintereinander, mit jeweils einer Minute Pause dazwischen. Wenn du es richtig machst, werden dich deine alten destruktiven Verhaltensmuster jetzt anwidern. Die neuen hocheffektiven-, aber Disziplin erfordernden Aktivitäten geben dir nun, beim puren Gedanken daran, Gänsehaut. Gänsehaut vor Euphorie.

Du möchtest sofort loslegen sie in deinen Alltag zu implementieren. Diese Methode aus dem NLP ist deswegen so mächtig, weil sie auf den Entscheidungsprozess unserer menschlichen Natur zurückgreift: Schmerzvermeidung und das Erzeugen von Freude.

Kapitel 20

Die Morgenroutine:

Die Stunde, die alles verändert

Viele unterschätzen fahrlässig die Macht eines produktiv strukturierten Morgens. Der Morgen ist so mächtig, dass er den weiteren Verlauf unseres Tages signifikant mitbestimmt.

Diejenigen, die über diesen Zusammenhang Bescheid wissen und eine effektive Morgenroutine in ihr Leben eingebaut haben, sind u. a. die heute erfolgreichsten Menschen dieser Welt. Die Morgenroutinen unterscheiden sich natürlich in ihrer Ausprägung. Allerdings haben sie alle eine Gemeinsamkeit: Sie alle setzen die potentielle Macht des frühen Morgens in den Mittelpunkt.
Es gibt verschiedene Bücher zu diesem Thema auf dem Markt, von welchen mich nur wenige Exemplare beeindruckt haben.

Die meisten waren schlicht und ergreifend einfach nicht in der Praxis effizient umsetzbar. Hierbei liegt die Kritik nicht auf den Autoren selbst, sondern eher auf dem Blickwinkel, aus welchem jene die Bücher verfasst haben.

Um es auf den Punkt zu bringen: der Großteil der Bücher ist für Menschen geschrieben, die einfach nur einen entspannten Morgen verbringen wollen.

Entspannung ist allerdings genau das Gegenteil, von dem, was wir zu dieser Tageszeit erzielen wollen. Wir sind jung, hungrig und zielstrebig.

Entspannung ist zu dieser produktiv zu gestaltenden Tageszeit fehl am Platz. Tatsächlich ist Entspannung am Morgen sogar gegen den menschlichen Ursprung: unsere Vorfahren damals hatten morgens keine Zeit zum Entspannen, sie mussten jagen gehen, um ihre Familien- und die Gruppe generell zu ernähren.

Entspannt wurde hingegen am Abend, beim gemeinsamen Essen am Lagerfeuer.

Viele haben Angst vor Stress. Getrieben durch mediale Einflüsse wird uns immer wieder suggeriert, dass Stress gesundheitliche Schäden nach sich zieht und langfristig zu Burnout führen kann. Hierbei sollten wir allerdings zwischen zwei Stressformen unterscheiden: Eustress und Disstress. Beides sind in der Psychologie Arten von Stress und doch könnten sie nicht unterschiedlicher sein.

Eustress ist der „positive Stress", also die Art von Stress, die uns ins Handeln bringt. Eustress wirkt stark positiv auf unsere Handlungsmuster sowie tägliche Produktivität. Es ist dieses Gefühl, dass du gar nicht mehr abwarten kannst Aktivität XY zu absolvieren.
Du willst am liebsten sofort loslegen und wirst euphorisch, alleine schon durch den Gedanken an die Aktivität.

Ich freue mich morgens um 5 Uhr immer aufs Training. Ich verbinde mit den Gewichten stark positiv wirkende Gefühle. Das ist der Motor meiner täglichen Motivation, in diesem Teilbereich meines Lebens alles zu geben.

Eustress führt in den meisten Fällen zu persönlichen Höchstleistungen, weil wir genau das tun, was wir lieben und unseren gesamten Fokus, bereits vor dem eigentlichen Erlebnis, auf die Aktivität legen.

Genau das ist der Grund, warum wir tun sollten, was wir lieben in unserem Leben. Anthony Robbins und Gary Vaynerchuk predigen dieses Mindset deswegen so oft, weil es uns darüber hinaus, Erfüllung und Zufriedenheit verschafft.

Disstress hingegen ist genau das Gegenteil, von dem was wir wollen: der erste Schritt in Richtung Burnout und definitiv ein Inhibitor für Produktivität.

Negativer Stress wird diese Form genannt und ist die weitaus höher verbreitete Variante in der westlichen Welt. Disstress entsteht, wenn wir nicht das tun, was wir lieben. Viele sind in einem Job, der sie eigentlich gar nicht erfüllt.

Die Folge ist, dass sie keine Ambitionen haben in ihren jobspezifischen Fähigkeiten besser zu werden. Dieser Umstand sorgt dafür, dass sie keine herausragenden Erlebnisse während Ihrer Arbeit verspüren.
Natürlich sollte man nicht einfach so seinen ungeliebten Job kündigen, denn jeder hat Verpflichtungen, denen man nachkommen muss.
Allerdings hat jeder, ausschließlich jeder, im Jahr 2018 die Möglichkeit sein eigenes Business, neben dem Job aufzubauen. Ein Business um die eigene Leidenschaft herum. Etwas, was man liebt und was einen in die Sphäre des Eustresses bringt.

Aus all diesen Erkenntnissen habe ich eine Morgenroutine entwickelt, die stark positiven Einfluss auf jeden ausüben wird, der sie aktiv implementiert. Unaufhaltsam zu werden heißt, die richtigen Voraussetzungen dafür bereits an jedem einzelnen Morgen zu schaffen.

Die hocheffektive Morgenroutine im Detail:

1. Frühes Aufstehen (4:45 – 5:15 Uhr)
2. Die Macht der Stille nutzen | *10 Min.*
3. Visualisierung ambitionierter Ziele | *10 Min.*
4. Autosuggestion/Priming (Self-Fulfilling Prophecy) | *20 Min*
5. Speedreading (+ Mind-Map) | *20 Min.*

Diese Morgenroutine wird uns auf unserem Weg enorme Dienste erweisen. Sie wird uns Klarheit, Selbstvertrauen sowie messerscharfen Fokus auf unsere wichtigsten Ziele bescheren.

Diejenigen von euch, die mir auf YouTube folgen, werden in dieser dargestellten Routine einen kleinen-, aber feinen Unterschied zu der, in dem Video präsentierten Morgenroutine feststellen.

Im Video hatte ich unter dem dritten Punkt die „Überprüfung“ unserer Ziele drin. Jetzt ist an dieser Stelle die Self-Fulfilling Prophecy, zu deutsch: „Selbsterfüllende Prophezeiung“ abgebildet.

Ich bin ständig auf der Suche nach kontinuierlicher Verbesserung und lebenslangem Wachstum. Die dargestellte Morgenroutine kann als der große Bruder von der Routine aus dem Video angesehen werden, weil sie noch effektiver ist. Auf das Thema des Primings hat Prof. Dr. Jack Nasher meinen Blick wiederholt gelenkt, als ich sein Buch „Überzeugt!“ begeistert las.

Lasst uns diese hocheffektive Morgenroutine einmal an deinem Beispiel durchlaufen: ab sofort stehst du früh auf. Ich habe herausgefunden, dass in unserer Generation die optimale Zeit hierbei zwischen 4:45 - 5:15 Uhr morgens liegt. Wenn du so frühes Aufstehen nicht gewohnt bist, wird es dir in den ersten drei Tagen schwer fallen, in diesen Rhythmus zu finden, aber es wird sich lohnen.

Nach drei Tagen etwa wird es dir leichter fallen und du wirst es anfangen zu genießen. Der Grund für dieses frühe Aufstehen ist die Tatsache, dass morgens noch alles schläft und wir Zeit nur für uns haben.

Wir haben noch keine Termine, keinen Zeitdruck, keinen Lärm. Alles um uns herum ist still. Darüber hinaus ist unser biologischer Rhythmus früh morgens für Höchstleistungen prädestiniert. In der Praxis wirst du über den gesamten Tag gesehen produktiver sein, als wenn du erst später aufstehst.

Morgens sind wir frisch, energiegeladen und vor allem klar in unseren Gedanken. Gegen Mittag fallen viele von uns in eine Art Müdigkeitsloch, weswegen wir additiv so früh aufstehen sollten. Alle erfolgreichen Unternehmer stehen derart früh auf. Tim Cook, der derzeitige CEO von Apple, steht sogar um 4:30 Uhr auf.

Im nächsten Schritt fokussierst du dich auf die dich umgebene Stille. Setze dich in eine aufrechte Position und horche einfach nur der Stille für einige Minuten lang. Ein berühmter Philosoph beschrieb einst, dass wir in der puren Stille mehr über uns lernen, als in einem Jahr Lärm. Mit Lärm sollten wir alles assoziieren, was das Potential hat, uns den Fokus zu entziehen.

Anfangs wird es dir schwer fallen, einfach nur dazusitzen und „nichts" zu tun. Das liegt daran, dass wir auf Ablenkungen und „Lärm" den ganzen Tag über programmiert sind.

Wir vergeuden unsere Zeit mit dem Konsum von Social Media Plattformen und anderen Dingen, die uns nicht zur inneren Ruhe kommen lassen. Bereits nach den ersten Minuten wirst du feststellen, wie gut dir diese Stille tut. Einige assoziieren dieses Verhaltensmuster mit Meditation, wir nennen es „Klarheit finden". Horche für 10 Minuten der Stille, bevor du zum nächsten Schritt übergehst.

Durch den Fokuspunkt auf die dich umgebene Stille an diesem frühen Morgen, hast du nun innerliche Klarheit erlangt. Aus dieser Klarheit heraus visualisieren wir nun unsere Ziele. Stell dir genau vor, wie deine Ziele definiert sind. Wie sehen sie aus? Wie fühlen sie sich an? Wieso möchtest du diese Ziele erreichen und vor allem, welche Emotion verbindest du mit dem Erreichen der Ziele?

Mal dir in deinen Gedanken deine Visionen, Träume und Wünsche genau aus. Je detailreicher dein projiziertes Bild ist, desto besser.

Besonders hervorzuheben ist hierbei die Emotion, welche du mit den einzelnen Zielen verbindest.

Je stärker deine Emotion zu den Zielen ist, desto besser. Wichtig hierbei ist, dass du groß denkst. Denk nicht zu klein. Die meisten Menschen denken schlicht und ergreifend zu klein und zu ambitionslos, weil sie sich nicht viel zutrauen.
Was denkst du, was diese Menschen in der Folge an Resultaten erzielen? Richtig, sie erzielen nur marginale Ergebnisse.

Fokussiere dich während deiner Visualisierung auf wenige, aber dafür ambitionierte Ziele in den einzelnen Bereichen deines Lebens. Zu jedem visualisierten Ziel müssen wir einen emotionalen Zusammenhang herstellen, der uns das Ziel spüren lässt.

Wenn du alles richtig machst und mit voller Konzentration dabei bist, dann kommst du nun automatisch in einen emotionalen Zustand, der dich fühlen lässt, dass du deine Ziele bereits erreicht hast. Halte diesen Zustand für einige Augenblicke, bevor du zum nächsten Schritt übergehst.

Aus diesem stark positiv wirkendem emotionalen Zustand heraus, bedienen wir uns nun einer mächtigen Technik aus dem Neurolinguistischen Programmieren (NLP). Du nimmst ein Blatt Papier und einen Stift und schreibst deine zuvor visualisierten Ziele klar auf.

Nun verfasst du einen kurzen Text zu deiner Vision mit dem Schwerpunkt, warum du jedes einzelne Ziel erreichen wirst.

Schreibe dir genau auf, wann du deine Ziele erreichen wirst und warum du sie realisieren möchtest. Danach machst du einen gedanklichen Zeitsprung in die Zeit hinein, in der du diese Ziele erreicht haben wirst.

Verfasse einige Zeilen dazu, wie dankbar du bist, alles, was du dir vorgenommen hast, in der Realität umgesetzt zu haben.

Durch diese Technik entwickeln wir nach einiger Zeit produktive Glaubenssätze, die uns ins Handeln bringen.
Wir verlieren unsere einengenden Denkmuster und fangen endlich an unser Ding durchzuziehen. Ohne jegliche Zweifel an unserer Person, ohne Ängste vor negativem Feedback und ohne Furcht vor Rückschlägen auf unserem Weg. Wir entwickeln im wahrsten Sinne des Wortes das Mindset eines Champions.

Um unsere Morgenroutine abzuschließen, lesen wir die restliche Zeit, die uns innerhalb dieser Stunde noch zur Verfügung steht. Ich halte 20 Minuten für die optimale Zeitspanne.

Gewöhn dir an, die Texte und Bücher deines Interesses schneller zu lesen, als gewöhnlich. Hierzu empfehle ich stets einen Stift zur Hand zu haben, um den Fokuspunkt deines Auges auf den Zeilen zu unterstützen. Wie damals in der Grundschule, als wir mit unserem Zeigefinger über die Satzreihen beim Lesen mitgewandert sind.
Diese Technik alleine wird deine Lesegeschwindigkeit bereits um 150-200% steigern. Es gibt noch 4 andere Speedreading Techniken, welche ich auf YouTube für euch in einem Video zusammengefasst habe.

Am besten lesen wir Bücher und Texte, die in unmittelbarem Zusammenhang mit unseren Zielen stehen. Um unsere Ziele zu erreichen, müssen wir ständig besser werden und der erste Schritt dahin ist es, sich neues Wissen anzueignen.

Nachdem wir das Speedreading angeschlossen haben, sollten wir in einer Mindmap unbedingt die gelernten Dinge festhalten.
Wichtig ist, dass du diese Mindmap so gestaltest, dass du das Gelernte einfach auf den Punkt bringst und beim späteren draufschauen jene Punkte sofort nachvollziehen kannst.

Kapitel 21

Die Abendroutine:

Die Konditionierung des Unterbewusstseins auf unsere Ziele

Es gibt noch eine zweite signifikant wichtige Tageszeit, der wir auf jeden Fall höchste Aufmerksamkeit widmen sollten: die letzten Minuten vor dem Schlafengehen. Wie bereits in einem der letzten YouTube-Videos erwähnt, spielt das Unterbewusstsein eine wichtige Rolle in Bezug auf unsere täglichen Entscheidungsmuster.

Tatsächlich nehmen wir unterbewusst etwa 9x so viele Informationen über den gesamten Tag gesehen auf, als über das Bewusstsein. Beide sind jedoch wichtig. Sie bilden zusammen unsere Glaubenssätze aus.

Wer seine wertvolle Zeit intelligent investiert, der wird wachsen. Mit „intelligent“ ist hierbei gemeint, dass du deine Zeit bestmöglich auf das Erreichen deiner persönlich gesetzten Ziele abstimmen solltest. Nehmen wir als Beispiel das Ziel, einer der größten Lifestyle Blogger Deutschlands zu werden. Ein ambitioniertes Ziel, welches dich anspornt. Es gibt dir beim bloßen Gedanken daran Gänsehaut und du möchtest direkt anfangen durchzustarten (Eustress).
Nun investiert du deine Zeit hauptsächlich in die Realisierung dieses Traumes. Das ist zielkonformes Zeitmanagement.

Wenn du dich auf diese Vision fokussierst, werden die negativen Stimmen in deinem Kopf auf Anhieb verschwinden. Es gibt keine Zweifel mehr. Es gibt kein „aber“ mehr. Es gibt keine Ausreden mehr. Alles, was du bewusst siehst, ist das Ziel und die Frage, wie du es erreichen wirst.

Dieses Beispiel zeigt, wie wir unser Bewusstsein auf Erfolg konditionieren können, indem wir uns einfach auf das fokussieren, was wir erreichen wollen und nicht mehr auf das, was wir nicht wollen. Viele denken den Großteil ihres Tages über Dinge nach, die sie vermeiden wollen. Sie entgehen somit der Chance, sich auf das zu konzentrieren, was sie wollen. In der Schlussfolge wird ihr Bewusstsein lediglich von ihren eigentlichen Zielen weggezogen. Mit Hilfe der Morgenroutine merzen wir diese Gefahr nahezu vollständig aus.

Unser Unterbewusstsein ist der Teil in uns, der uns unsere Entscheidungen treffen lässt. Wir denken zwar es sei das Bewusstsein, allerdings ist es in Wahrheit eine Mischung aus Be- und Unterbewusstsein. Hierbei ist das Unterbewusstsein allerdings höher zu gewichten.

Über bewusst aufgenommene Erfahrungen bildet sich zwar das Unterbewusstsein, allerdings gibt es eine effizientere Methode jenes auf Erfolg und Leistung zu konditionieren.

Viele verbringen die letzten 30 Minuten des Tages nicht strukturiert. Sie sind am Smartphone und konsumieren meist wenig hilfreiche Inhalte.
Von Jim Rohn lernte ich einst, dass es wirklich wichtig ist, mit was wir unsere Gedanken vor dem Schlafengehen nähren. Die letzten 30 Minuten haben aktiven Einfluss auf die Qualität unseres Schlafes. Es heißt, im Schlaf verarbeiten wir die Geschehnisse des Tages. Folgernd sollten wir die letzten Eindrücke unseres Tages so gut wie möglich gestalten und auf unsere individuellen Ziele anpassen.

Die Abendroutine im Detail:

1. Frühes Schlafengehen (21:45 – 22:15)
2. Zur Ruhe kommen
3. Review deines Tages
4. Visualisierung deiner Ziele
5. Autosuggestion
6. Dankbarkeit empfinden

Wie in der Morgenroutine bereits angesprochen, dient der Abend dazu, dass wir innerlich zur Ruhe finden und unseren Frieden mit allen Geschehnissen des Tages schließen. Kein Platz für negative-, oder einengende Gedanken. Kein Platz für Ängste oder Sorgen. Bevor du ins Bett gehst, solltest du zur Ruhe kommen.

Leg das Smartphone weg und schalte darüber hinaus alle anderen Medien aus. In den meisten Fällen verhindern Smartphone und Co., dass wir uns entspannen können.

Von Dr. Doug Mc Guff lernte ich einst, dass wir den besten Schlaf erhalten, wenn wir vor 24 Uhr ins Bett gehen.

Diese Erkenntnis passt zudem perfekt zur Morgenroutine, in der der erste Schritt darin besteht, früh aufzustehen. Frühes Aufstehen heißt, dass wir früh ins Bett gehen sollten. Die Länge und die Qualität unseres Schlafes hat signifikanten Einfluss auf unsere Leistung am nächsten Tag.

Wie es Darren Hardy in seinem Meisterwerk „The Compound Effect" erläutert hat, werden sich kleine effektive Veränderungen in unseren täglichen Verhaltensweisen stark positiv auf unsere Ergebnisse auswirken, über Zeit.

Früher ins Bett zu gehen ist eine solche positive Veränderung. Keine Sorge, du verpasst nichts, wenn du eher ins Bett gehst, als andere. Du wirst eher genau das Gegenteil feststellen.

Bezogen auf unsere Generation liegt aus meinem Blickwinkel heraus die beste Zeit, um ins Bett zu gehen, zwischen 21:45 - 22:15 Uhr. Nicht nur die Qualität deines Schlafes wird sich signifikant verbessern, du wirst auch energiegeladener am nächsten Morgen aufstehen.

Wie wir bereits besprochen haben, sind die letzten 30 Minuten unseres Tages von entscheidender Bedeutung, denn sie tragen maßgeblich dazu bei, wie wir unseren Tag über die Nachtruhe verarbeiten. Die Verarbeitung führt zu Referenzspeicherungen, welche sich langfristig zu Glaubenssätzen manifestieren.
Die letzte halbe Stunde sollten wir etwas tun, das uns entspannt und uns abschalten lässt.

Zu dieser Tageszeit sind wir nicht mehr prädestiniert, Probleme zu lösen, oder uns den Kopf zu zerbrechen.

Ich persönlich lese einige Minuten in einer guten Lektüre, oder gehe in den heißen Jacuzzi.

Nachdem wir in einem entspannten Zustand sind, begeben wir uns nun daran, unseren Tag Revue passieren zu lassen.
Was hat dich heute inspiriert?
Was hat dich begeistert? Was hat dich angespornt?
Womit hast du hauptsächlich deine Zeit verbracht?
Bist du deinen gesetzten Zielen heute näher-gekommen? Was wirst du morgen besser machen, als heute? Was hast du heute Gutes für jemand anderen getan?

„Wer sucht, der findet.“, so lautet ein Vers in der Bibel. Unser Gehirn funktioniert in diesem Zusammenhang wie ein hochintelligenter Computer: frage nach und du erhältst Antworten. Hierbei ist es wichtig, dass du nicht in negative Denkmuster fällst, wenn ein Tag mal nicht so gelaufen ist, wie du es dir vorgestellt hast.

Akzeptiere diesen Tag, nimm die Ereignisse an. Sieh solche Tage als einzigartige Möglichkeit an, aus ihnen zu lernen.

Im folgenden Schritt visualisieren wir wieder, wie bereits in der Morgenroutine, unsere wichtigsten Ziele, sowohl die kurzfristigen, als auch langfristigen.

Zu jedem visualisierten Ziel müssen wir wieder einen emotionalen Zusammenhang herstellen, der uns das Ziel spüren lässt. Wenn du alles richtig machst und mit voller Konzentration dabei bist, dann kommst du, wie in der Morgenroutine, automatisch in einen emotionalen Zustand, der dich fühlen lässt, dass du deine Ziele bereits erreicht hast.

Halte diesen Zustand für einige Augenblicke, bevor du zum nächsten Schritt übergehst.

Mit Hilfe der NLP-Technik der Autosuggestion, machen wir uns wieder deutlich, dass wir unsere Ziele erreichen. Wir finden Gründe dafür, warum wir sie auf jeden Fall erreichen werden.

Durch die richtigen Fragen erhalten wir produktive Antworten. Stell dir keine zweifelnden Fragen, denn dann wirst du zweifelnde Antworten erhalten. Mach dir klar, dass du wachsen kannst und wirst. Dass du dich in deiner Persönlichkeit entwickeln wirst und vor allem, dass du nur ein einziges Leben hast.
Mache ein Meisterwerk aus diesem und zwar nach deinen idealtypischen Vorstellungen.

Unsere Abendroutine schließen wir mit dem Empfinden tiefer Dankbarkeit ab. Mache dir bewusst, dass deine Existenz ein wahres Wunder ist. Laut Gary Vaynerchuk liegt die Wahrscheinlichkeit als Mensch geboren worden zu sein bei marginalen 1/100 Milliarden.

Ob diese Zahl nun stimmt oder nicht, ist zweitrangig. Fakt ist, dass wir alle gesegnet wurden. Erstens, weil wir auf diesem Planeten als Menschen geboren worden sind; Zweitens, weil wir in der besten Zeit, die es jemals auf diesem Planeten gab - und eventuell geben wird, leben und drittens, weil wir in Deutschland leben, einem Land, welches uns so viele wundervolle Möglichkeiten täglich beschert.

Dankbarkeit ist eine so starke Emotion, dass sie alle destruktiv wirkenden Emotionen, wie Angst, Hass oder Eifersucht innerhalb eines Augenblicks ausmerzt. Wenn du tiefe Dankbarkeit in dir trägst, werden sich wichtige Bereiche deines Lebens spürbar verbessern. Du wirst selbstbewusster, mutiger, herzlicher und vor allem produktiver.

Teil 3

Baue dir ein leistungsstarkes- und erfolgshungriges Umfeld auf

Kommen wir zum finalen Teil dieses Buches. Dieser Sektor wird so wichtig, dass man darüber ganze Bücher schreiben könnte. Ich möchte dieses Thema allerdings für euch direkt auf den Punkt bringen.

Um unaufhaltsam zu werden, brauchst du ein leistungsstarkes Umfeld, Punkt.

Kapitel 22

Dein Umfeld entscheidet darüber, wo dein Limit ist

„Kick the losers out!“, sah ich Grand Cardone vor einigen Jahren in einem polarisierenden Video euphorisch brüllen. Damals empfand ich dieses Statement als oberflächlich und abgehoben. Heute verstehe ich den Zusammenhang zwischen Umfeld und persönlichen Erfolgen.

Cardones Ratschlag ist ein wichtiges Puzzlestück, um unsere Träume zu realisieren. Der Punkt ist, dass die Differenz zwischen deinem aktuellen Status quo und deinen Zielen, deine erbrachte Leistung ist. Bringst du bessere Leistungen in den 20% der wichtigsten Aktivitäten, wirst du analog deinen Zielen näherkommen. Dein Umfeld spielt hierbei eine entscheidende Rolle.

Als sich die Zeit in San Francisco dem Ende neigte, bewarben sich viele meiner Kommilitonen bei namenhaften Unternehmen und Startups. Sie alle wollten die begehrtesten Jobs im Silicon Valley für sich gewinnen. Vor allem meine indischen Kommilitonen hatten diesen Traum in den USA nach dem Master weiter zu bleiben, um die faszinierende Atmosphäre innerhalb von Startups live mitzuerleben. Von Anbeginn unseres Studiums stand dieser Traum bei vielen von uns ganz oben auf der Liste.

Die Gruppe, mit der ich mich umgab, war anders. Wir dachten und handelten anders. Wir hatten andere Ambitionen. Jeder von uns wollte nach dem Master direkt sein eigenes Ding starten. Ich wusste, dass ich für diesen Traum in Deutschland einen individuell besseren Nährboden an Möglichkeiten hatte.

Nicht nur das, in Deutschland wartete viel Verantwortung auf mich. Immerhin sollte ich direkt mit in das Immobilienunternehmen meiner Eltern einsteigen und meine, in den USA neu gewonnenen Kenntnisse, in die Unternehmenskultur einbringen. Da mein gesamtes Umfeld zu dem damaligen Zeitpunkt den Aufbau des eigenen Unternehmens anstrebte, war diese Entscheidung für mich relativ einfach zu treffen.

„Wir orientieren uns immer an den Verhaltensmustern der uns umgebenen Gruppe", sagte Jim Rohn in einer seiner Reden sinngemäß. Vor einem guten Jahr kehrte ich als graduierter M. Sc. Int. Business zurück nach Deutschland und begann mit der Realisierung meiner Ambitionen.

Kapitel 23

Kick die Loser aus deinem Umfeld

„Kick die Loser aus deinem Umfeld!“. Dieses Statement von Immobilien-Hai Grand Cardone klingt hart. Es klingt oberflächlich, abgehoben und egoistisch. Dennoch hat Grand mit seiner Aussage Recht und das aus mehreren Gründen.

„Legt man einen faulen Apfel in die Mitte von frisch glänzenden Äpfeln, werden alle Äpfel schnell faul.“, höre ich heute noch einen meiner ersten Mentoren stets predigen.

Kontextspezifisch zu unserem Ziel, unaufhaltsam zu werden, sollten wir den, von ihm verwendeten Begriff des „Losers“ definieren.

Ein „Loser“ ist in unserem Fall eine Person, die ihre limitierenden Glaubenssätze auf andere projiziert, um diese negativ zu beeinflussen.
Ein Loser ist eine Person, die deinen Weg belächelt und dir deinen späteren Erfolg nicht gönnt. Ein Loser ist eine Person, die selber keine klaren Ziele im Leben hat und sich über alles und jeden beklagt. Diese Gruppe von Individuen schiebt die Schuld ständig auf andere und redet den Erfolg anderer bewusst klein, um sich besser zu fühlen.

Selber erreichen sie keine nennenswerten Erfolge und sind unglücklich, weil sie nicht genau wissen, was ihre Leidenschaft ist und wo sie hinkommen möchten im Leben.

Wir sollten uns definitiv fern halten von diesen Personen. Sie ziehen uns runter und demotivieren uns in unseren Ambitionen.

Gary Vaynerchuk sagte in einem seiner letzten Daily Vlogs, dass dieser Schritt absolut notwendig ist, um ambitionierte Ziele zu erreichen.
Additiv erklärt er in fast jedem seiner Videos, wie wichtig eine euphorisch positive Grundhaltung gegenüber Herausforderungen ist und das ein negatives Umfeld dich absolut bremst in deinem Potential.
Wer sollte es besser wissen, als Vaynerchuk und Cardone? Beide sind herausragende Entrepreneure und wissen definitiv, wovon sie reden.

Allerdings ist das noch nicht die ganze Geschichte zu diesem wichtigen Punkt. Es gibt Menschen in unserem Umfeld, die wollen und können wir nicht vernachlässigen.
Jeder kennt das Phänomen, wenn die eigenen Eltern nicht von einer Idee, oder den Zielen und Träumen des Kindes überzeugt sind und dem Ganzen mit negativer Grundeinstellung gegenüberstehen.

In dieser Konstellation brauchen wir eine andere Methode, um weiterhin euphorisch fokussiert an unseren Zielen zu arbeiten.

Der großartige Dean Graziosi sagte einmal, dass jede Veränderung in uns selber zunächst stattfindet. Von innen nach außen muss hier unser Motto sein. Wenn wir der festen Überzeugung sind, dass das, was wir tun, aktuell das Beste für uns ist, strahlen wir diese Euphorie nach außen aus.
Es wird nur eine Frage der Zeit sein, bis dieser Gemütszustand andere Menschen infiziert.
Allerdings wird es immer Menschen in unserem näheren Umfeld geben, die dennoch negativ eingestimmt bleiben werden. Nun liegt es an dir, dich nicht auf diese zu konzentrieren. Sage Ihnen, dass du ihre Meinung akzeptierst und du möchtest, dass sie dein Vorhaben ebenfalls akzeptieren und dich nicht in deinen Ambitionen stoppen. Fokus auf das, was du willst und nicht auf das, was du nicht willst.

Kapitel 24

Umgib dich mit erfolgshungrigen Menschen, die dich gewinnen sehen wollen

Es gibt den Mythos des einsamen Wolfes. Menschen, die viel alleine sind und ihr Ding durchziehen, zählen zu dieser Kategorie. Während es durchaus erfolgreiche Beispiele solcher Charaktere gibt, machen es sich diese Menschen unnötig schwerer.

Natürlich sollten wir die Ambition haben, viel eigenständig auf die Beine zu stellen.

Dies hat mehrere Vorteile, denn zum einen entwickeln wir uns mit ansteigendem Arbeitspensum und zum anderen entwickeln wir wichtige Eigenschaften, um unaufhaltsam zu werden. Zu den Eigenschaften zählen der Wille etwas zu bewegen; Der Fokus auf das Wesentliche; Die Konzentration auf die täglichen Verhaltensmuster sowie die Disziplin viel und hart zu arbeiten.

Allerdings kommt jeder irgendwann an einen Punkt, an dem er merkt, dass er den vorläufigen Zenit erreicht hat und die Unterstützung anderer Menschen braucht.

Gary Vaynerchuk erläuterte in diesem Zusammenhang etwas sehr Äquivalentes, welches diese These stützt. Es sei das Wichtigste, so schnell wie möglich Menschen in deine Vision zu ziehen, die dich bei der Arbeit unterstützen, um weitaus höhere Ziele gemeinsam zu erreichen, als das alleine möglich wäre.

Bezogen auf die Unaufhaltsamkeit ist es elementar wichtig, so früh wie möglich mit dem Aufbau deines Netzwerkes anzufangen.
Mit steigendem Wachstum deiner Persönlichkeit - und deines Erfolges, wird sich dein Umfeld verändern. Diejenigen, die mitgewachsen sind, werden dir ein treuer Wegbegleiter weiterhin sein. Es werden wahrscheinlich die Menschen aus deinem Umfeld scheiden, die nicht die Disziplin und den Fokus aufbringen konnten, die du aufgebracht hast.
Es werden neue Menschen in dein Leben treten, die deine Ambitionen widerspiegeln und welche dich weiter nach vorne bringen werden.

Jim Rohn erläuterte in diesem Zusammenhang, dass jeder von uns der Durchschnitt der 5 Personen ist, mit denen wir die meiste Zeit verbringen.

Mit welchen Menschen verbringst du die meiste Zeit?

Spiegeln Sie den Erfolgshunger wider, den du entwickeln möchtest? Wollen diese Menschen dich wachsen sehen? Unterstützen dich diese Menschen, deine Träume zu verwirklichen? Du entscheidest über dein Umfeld.

Wähle deine Freunde und Geschäftspartner mit großer Sorgfalt aus, sie haben einen großen Einfluss auf dein Leben und deine Ambitionen.

Kapitel 25

Meine Buchempfehlungen

Um unaufhaltsam zu werden und es vor allem zu bleiben, müssen wir langfristig hungrig sein. Hungrig nach lebenslangem- und kontinuierlichem Wachstum. Kontextspezifisch wird dieser Zustand erreicht, indem wir uns neues Wissen aneignen, es in der Praxis umsetzen und sukzessive unserer Lebensphilosophie anpassen. Aus den daraus resultierenden Erfahrungen und Ergebnissen, lernen wir. Dieses Lernen aus persönlichen Erfahrungen lässt uns wachsen.

Da wir, wie zu Beginn des Buches beschrieben, im Zeitalter der Informationsüberflutung leben, brauchen wir eine Auswahl der richtigen Informationsquellen zum Lernen. An die richtigen Informationen zu kommen, kann mitunter schwierig sein, weil es zu fast jedem Thema viele unterschiedliche Meinungen und Sichtweisen gibt. Jeder Blickwinkel wird zudem mit der dazu passenden Studie gepaart und schon ist die Verwirrung groß.

Aus diesem Grund, werde ich euch eine Liste meiner Top 20 Bücher im Folgenden zum Abschluss dieses Buches darreichen. Diese Liste besteht aus den Büchern, welche mir neue Blickwinkel auf das Leben gegeben -sowie mich in allen Lebensbereichen stark vorangebracht haben.

Die Reihenfolge der Top 20 hat hierbei keinen Einfluss auf die Platzierung der Bücher. Seht dementsprechend alle Bücher als gleichwertig an. Ihr wisst, dass ich Bücher in allen Darreichungsformen liebe und deswegen habe ich einige der Bücher als physische-, andere als elektronische- sowie einige als Hörbücher in meinen Wissensschatz aufgenommen und gespeichert.

<u>Hier sind meine Top 20, Stand August 2018:</u>

1) „Das Anthony Robbins Power Prinzip" -Anthony Robbins
2) „The Art of exceptional Living" -Jim Rohn
3) „Werde Übernatürlich" -Dr. Joe Dispenza
4) „Start with Why" -Simon Sinek
5) „Überzeugt!" -Prof. Dr. Jack Nasher
6) „Deal" -Prof. Dr. Jack Nasher
7) „Way of the Wolf" -Jordan Belfort
8) „Mindset" -Dr. Carol Dweck
9) „Influence" -Dr. Robert B. Cialdini

10) „Rich Dad, Poor Dad" -Robert T. Kiyosaki
11)„The Magic of Thinking Big" -Dr. David Schwartz
12)„Denke nach und werde Reich" -Napoleon Hill
13)„How to Win Friends and Influence People" - Dale Carnegie
14)„Crushing it!" -Gary Vaynerchuk
15)„Deep Work" -Prof. Dr. Cal Newport
16)„Der Alchimist" -Paulo Coelho
17)„Be Obsessed or Be Average" -Grant Cardone
18)„Ihr kriegt den Arsch nicht hoch" -Prof. Dr. Evi Hartmann
19)„Relentless" -Tim S. Grover
20)„The Compound Effect" -Darren Hardy

Kapitel 26
Abschließende Worte an Dich

Ich bedanke mich bei dir, dass du „Werde unaufhaltsam“ gelesen hast. Ich hoffe, du setzt die besprochenen Methoden und Techniken um, damit du deine Ziele und Träume realisierst.

Erfolg ist immer das Resultat von Leistung. Leistung ist das Resultat harter Arbeit.
Harte Arbeit ist das Resultat eiserner Disziplin. Werde euphorisch darin, diszipliniert deine Ziele zu verfolgen und du wirst mehr erreichen, als jemals zuvor.

Setze dir klare- und hohe Ziele. Schreibe dir diese Ziele mit einem Stift auf ein Blatt Papier und schaue dir deine aufgeschriebenen Ziele täglich an.

Glaube an dich und deine Fähigkeiten. In dem Moment, in dem du nicht mehr an dich glaubst, wirst du verlieren.

Umso erfolgreicher und glücklicher du wirst, desto mehr Neider wirst du bekommen. Stell dich mental darauf ein. Nutze diese Menschen als Nahrung deiner Euphorie und Ambition.

Hör auf deinen Instinkt und baue dir eine Master-Mind-Gruppe aus Menschen auf, die dich gewinnen sehen wollen und selber erfolgshungrig sind.

Sei dankbar, aber niemals satt. Fange an, den Prozess zu deinen Zielen zu lieben. Wer du auf dem Weg zu deinen ambitionierten Zielen wirst, ist wichtiger, als das Ziel selber.

Lass dich niemals in deinen Ambitionen und Träumen klein reden. Vergleiche dich nicht mit anderen Menschen, sondern immer nur mit deinem gestrigen Ich.

Entwickele das Verlangen nach lebenslangem Wachstum und höre niemals auf, deine Ziele zu verfolgen, solange du dafür brennst.

Mache die Menschen in deiner Umgebung besser, indem du sie zu höheren Leistungen und Ehrgeiz inspirierst.

Du kannst deinen Erfolg nicht jagen. Du ziehst ihn an, durch die Person, die du geworden bist.

Verwende so viel Zeit darauf, dich selber zu verbessern, dass du keine Zeit hast, andere zu kritisieren.

Siehe Herausforderungen als fantastische Geschenke, um besser zu werden.

Gehe dahin, wo die Erwartungen an dich hoch sind. Du wirst in einem Maße wachsen, was du zuvor nicht für möglich gehalten hast.

Gib mehr als du nimmst und du wirst mehr erreichen, als jemals zuvor. Kreiere Win-Win Situationen mit allen Menschen, mit denen du kollaborierst.

Denke in allem, was du tust, groß. Bringe die erforderliche Disziplin auf und lass dich nicht ablenken.

Werde unaufhaltsam, indem du endlich die Bestie aus dem Käfig lässt. Es wird Zeit. Dein Potential wartet nur darauf, von dir entfaltet zu werden.

-Claudio A. Römer

31685309R00136

Printed in Poland
by Amazon Fulfillment
Poland Sp. z o.o., Wrocław